CSILLAPÍTHATATLANUL SZOMJAZZÁK A VÉGTELENT

GÁT JÁNOS

CSILLAPÍTHATATLANUL SZOMJAZZÁK A VÉGTELENT

BESZÉLGETÉSEK REIGL JUDITTAL
EGY FESTŐ (ÖN)ÉLETRAJZA

CORVINA

A hangfelvételeket készítette, a szöveget és a jegyzeteket írta: Gát János
Szöveggondozó: Szoboszlai Margit
Hangmérnök: Belovári Tibor
© Gát János, 2020

A borítón: *Csillapíthatatlanul szomjazzák a végtelent (Ils ont une soif insatiable de l'infini)*, 1950. Párizs, Centre Pompidou – Musée National d'Art Moderne. Photo © Centre Pompidou, MNAM-CCI, Dist. RMN-Grand Palais/Philippe Migeat

Photo © Centre Pompidou, MNAM-CCI, Dist. RMN-Grand Palais/Philippe Migeat

Photo © François Bisi

Photo © Philippe Boudreaux

Art & Photo © Fonds de dotation Judit Reigl

Reigl Judit: *Vanitas (Emma)*, 2019. 42 x 30 cm. © Fonds de dotation Judit Reigl
Számozott szitanyomat-melléklet: Selmeczi Géza és Mankovits Adél

Köszönjük Kolozsvári Mariannna, valamint Berecz Ágnes, Sabine Boudreaux, Cserba Júlia, Ispán Judit, Lángh Júlia, Catherine Thieck és Paul Wiener segítségét.

Köszönettel az AWARE: Archives of Women Artists, Research and Exhibitions közreműködéséért.

Külön köszönettel Maurice Gorelinek.

A kötetet tervezte: Sebastian Stachowski

Kiadja a Corvina Kiadó Kft.,
az 1795-ben alapított Magyar Könyvkiadók és Könyvterjesztők Egyesülésének tagja

1086 Budapest, Dankó u. 4–8.
e-mail: *corvina@lira.hu*
www.corvinakiado.hu

Felelős kiadó: Kúnos László, a Corvina Kiadó igazgatója
Felelős szerkesztő: Falus János
Műszaki vezető: Székelyhidi Zsolt

Nyomta a Pauker Nyomda; Felelős vezető Vértes Gábor
Kötötte a Szekszárdi Nyomda Kft.; Felelős vezető: Vadász Katalin

ISBN 978 963 13 6706 5

POSZTUMUSZ LEVÉL REIGL JUDITNAK

Párizs, 2020. szeptember 24.

Kedves Barátom, Drága Judit!

Találkozások rendkívüli emberekkel: létünk mérföldkövei. Létezik szerelem első látásra, és létezik barátság első látásra, de a mi első találkozásunkat ma sem tudom, minek nevezzem – talán égi jelnek? Az Ön tiszta tekintete villámként sújtott le rám, és megváltoztatta az életemet. Az időtlenségnek és a súlytalanságnak ezt a megmagyarázhatatlan érzését csak nagyon ritkán volt alkalmam tapasztalni. Naponta beszélgetek azzal a néhány rendkívüli emberrel, akikkel életem során találkozhattam. Velük való eleven vagy néma párbeszédeim immár belső dialógusok, mivel nevezetes barátaim mind régen meghaltak, és nekem kell szájukba adnom a szavakat. Ön kivétel: nemrég halt meg, és szinte utolsó leheletéig folyamatosan mondta tollba nekem az életét, hogy megírjam a könyvet, amelynek előszava ez az Önhöz írt levél. Az utóbbi tíz évben minden hónapban együtt töltöttünk egy hetet. Ebéd közbeni és ebéd utáni, vacsora előtti és vacsora utáni, végtelen beszélgetéseink során annál többet értettem meg a magam életéből, minél jobban megismertem az Önét. Gyakran illusztrálta nekem azt, amiről épp beszélt, engem is belerajzolva történeteibe. Tiszteletre méltó kora miatt – ahogy a múltkor mondta: „Kilencvenhét év nem tréfa!" – nem egy nagyszabású festmény, hanem a mi kis „képes krónikánk" lett az utolsó műalkotása, egyben az (ön)életrajza és testamentuma. Beszélgetéseinket tudatosan inspirálta Pilinszky János ugyanilyen levél előszóval megjelent esszéregénye, a *Beszélgetések Sheryl Suttonnal*. Önnek árultam el először, hogy Pilinszky, közös barátunk és mesterünk, nem távoli múzsájával – akkori menyasszonyommal –, hanem úgy, mint Ön, velem folytatta „beszélgetéseit". Szövegünket mintegy kétszáz órányi, digitálisan rögzített beszélgetésből állítottam össze. Az Ön példaszerű életének helye lenne a festők védőszentje, Szent Lukács művében, *Az apostolok cselekedetei*ben is. Nyugodt lelkiismerettel írhatom, hogy Ön korának legnagyobb festőjeként távozott ebből a világból, több mint valóra váltva André Breton reményeit. Ha csak egyetlen dolgot kellene kiemelnem, ami megkülönbözteti élete csaknem teljes évszázadának kortársaitól, akkor azt emelném ki, hogy Ön színtiszta *tartalom*, míg ők többnyire *forma*.

Csillapíthatatlanul szomjazva a végtelent

Gát János

1923. május 1-jén születtem Kapuváron,¹ a magyar–osztrák határon. Tényleg kilógtam a sorból, már születésem előtt. Terhessége idején anyám nem tudott rendesen enni, azonnal kihányt mindent. Ahogy mesélte: a nappal együtt jöttem a világra, egy kiló valahány dekásan, harminckilenc centisen. Mondhatom, akkora voltam, mint egy újszülött macska, és első ránézésre életképtelen. Annyira szokatlanul kicsi voltam, nagy eséllyel meg is halhattam volna, anélkül hogy végig kellett volna küzdenem az életet. De hát végig kellett küzdenem. Azonnal becsomagoltak vattába, hogy melegen tartsanak, a háziorvos látott el, mindent megtett, amit tudott, és utána hosszan imádkozott. A többit – mind a mai napig – nekem magamnak kellett megtennem. A katolikus keresztlevelemben Mária van bejegyezve, a polgáriban pedig Marianna. Anyám Juditot akart, de a buta, talán antiszemita plébános azt mondta, az nem keresztény név – pedig van egy Szent Judit.² Később, mikor bemutatkoztam valakinek, gyakran a szemembe mondták: maga zsidó vagy sváb. Leggyakrabban

---

1   *Szülővárosomról csak későbbi információim vannak, mivel három és fél éves koromban elkerültem onnan. A nyugat-dunántúli, tízezernyi lakosú város magyar neve azt jelzi, hogy a helység – ahol a középkori Magyarország nyugatra vezető útjai találkoztak – valamikor az ország nyugati kapujának számított, és hogy* vára *az akkori határt őrizte. Mivel a „Kelet" itt találkozott, valamint harcolt a „Nyugattal", nem is születhettem volna hozzám illőbb helyen. Több sportoló, tudós és orvos, egy színésznő, valamint egy harmadrendű szobrász mellett szerepelek a város híres szülötteinek listáján.* [Beszélgetéseink során Reigl rajzokkal illusztrálta szavait, majd rajzait újabb történetekkel színezte, amely történeteket dőlt betűvel jelöltem meg a – művész megjelent szövegeit is tartalmazó – lábjegyzetekben. – G. J.]

2   *Úgy tudom, hogy* A kékszakállú herceg vára *miatt kaptam a Judit nevet. A bibliai Judit viszont becstelen kurva volt: leitatta a szeretőjét, és megölte. Mindenki odavan érte, de szerintem a világ leggrosszabb alakja: gyáva, vacak, fölháborító.*

Reigl Judit egyéves korában, 1924

nem válaszoltam semmit, pedig tudtommal egyik sem vagyok, noha nem ismerem pontosan apám felmenőinek családtörténetét: érdeklődésemre a Városházán azt közölték velem, hogy a megyeszékhely levéltára leégett. A családi legenda szerint apám arisztokrata szépapja Franciaországból szökött el a forradalom idején, és az Esterházyék kapuvári kastélyában kapott menedéket. Persze lehet, hogy csak lovász volt. Mindenesetre a nevem valószínűleg nem német, hanem francia eredetű: Reigl, règle, regula, rend. Lehet, hogy százhatvan évvel később nem is emigráltam Franciaországba, hanem csak hazatértem. Amit biztosan tudok: apám, Reigl Antal Sopron vármegye főügyésze lett, miután a legutolsók között visszajött a szibériai hadifogságból – betegen. Przemyślben[3] betemette egy bomba, csak három nap múlva ásták ki. *Et resurrexit tertia die.*[4] Feltámadott, viszont tüdejének túlterhelése miatt szívtágulata lett.

ÉDESAPÁM szép ember volt. A nők kérték meg sorozatosan, de ő sokáig ellenállt, így viszonylag későn, harmincöt évesen nősült.[5] Édesanyámnak,

---

3   Przemyśl volt a keleti front Verdunje. 1915-ben az oroszok itt 126 000 hadifoglyot ejtettek.
4   „És harmadnapon feltámadott" (latin).
5   Vagy harminc év múltán egy ismeretlen hölgy írt nekem, hogy „Ön a fess dr. Reigl Antal rokona?". Az illető apám egyik „kérője" volt. Édesanyám német anyanyelvű volt, és hatéves koráig

Kollár Júliának volt a legnehezebb élete minden nő között, akit ismertem. Boldogan élt tizenkilenc évig, és férjhez ment szerelméhez. Az esküvő után négy héttel kitört a háború, és mivel apám tartalékos tiszt volt, mindjárt az elsők között kapott behívót. Szüleim egy hónapig élhettek együtt, azután meg hat és fél évig voltak távol. Száz évvel ezelőtt, 1920 december utolsó napján anyám hallotta, hogy másnap egy hadifogolyvonat fog érkezni a vasútállomásra. Anyám egy percet sem tudott aludni: egész éjjel virrasztott, várva az újévet, amelyet végre apámmal tölthet. Másnap kora reggeltől egész nap fel-alá sétált a peronon, estére azt hitte, hiába jött. Sehol senki és semmi. Befutott egy vonat, de akkor se látta apámat leszállni. Közben azt is megtudta, hogy több hadifogolyvonatot várnak még, és így a várakozás eltarthatott volna egy hónapig is. Egyszer csak valaki átölelte hátulról – rögvest érezte, hogy apám, aki később elmondta neki, hogy a járásáról ismerte fel. Anyámat megdöbbentette, hogy apám első kérdése az volt: „Jucóka, te fested a hajad?"

AMINT megszülettem, apám egy cigányzenekart rendelt a házunk elé, hogy szerenáddal kedveskedhessen anyámnak, és hogy méltó módon köszönthessen engem. Május elseje lévén a helyi legények májusfát állítottak a ház elé. Anyám, aki jóval fiatalabb volt, mint apám, nagyon szép asszony maradt mindvégig. Hatvanéves korában is olyan volt a bőre, mint egy csecsemőnek. Mindenki úgy hívott minket, hogy „a kis Juci" és „a nagy Juci". Mesélték nekem, hogy ha bárkit megláttam fekete ruhában, apácát vagy papot, már babakocsis koromban ordítottam. Vajon miért volt ilyen hatással rám rögtön a fekete? Miután anyámat láttam sírni apám temetésén, tetőtől talpig feketében, akkor vált tudatossá bennem. Addigra már megismerkedtem a halállal, legalábbis annyira közel kerültem hozzá, amennyire csak élő ember közel kerülhetett: hat hónapos voltam, amikor torokgyíkot kaptam. Egyik éjszaka, amikor anyám egyedül volt velem, a lázam olyan magasra szökött, hogy – az ő szavait idézem – majd szétvetette a hőmérőt. Anyám rémülten látta, hogy nem kapok levegőt. Apám és az orvos Sopronban volt, az utakat belepte a hó, semmi esélye nem volt,

---

nem is beszélt magyarul. Cipszer szülei Szlovákiában, Lőcsén laktak, és amikor anyámmal egy nyáron elvonatoztunk Kassára, úgy szólította a hangosbemondó, hogy Julianna Kollarova. Azért emlékszem ilyen pontosan, mert akkor kaptam egy új matrózruhát.

hogy segítséghez jusson. Anyám azt a gyógymódot alkalmazta, amit a faluban látott: jeges vízbe mártott, hogy lejjebb vigye a testhőmérsékletem. A jelek szerint sikerült meggyógyítania, mivel még most is itt vagyok. Viszont – ahogy anyám mondta – másnapra a tekintetem teljesen megváltozott. Ez után az éjszaka után, amikor a szemembe nézett, úgy tűnt neki, hogy mindent értek, amit csak érteni lehet ezen a világon.

MESÉLTÉK, hogy már hároméves koromban büszkén mondtam: „Én nem maradok itt, megyek Párizsba, mivel ott lakik minden művészfestő, és én is ott akarok festeni." Valaki biztosan sugallta nekem az egészet; az az érdekes, hogy engem az ötlet ennyire megfogott. Más gyerek elengedte volna a füle mellett, nem úgy, mint én. Akkor, hároméves koromban rajzoltam először: egy kávédarálót, azután még egyet, és még százat vagy ezret: ez volt a legelső szériám. Teljesen elbűvölt, hogy maga a szerkezet olyan tömbszerű, négyszögletes, de a fönti rész, a fogantyú, amivel darálnak, az meg olyan finoman hajlított. A világ legbanálisabb tárgya, de nem tudtam betelni azzal, hogy egy nehézkes, földhözragadt valami egy csoda folytán mintha elvesztené tömegét, és eltűnne a levegőben. Később, hatéves koromban kalligráfiákat írtam, vágott tollal, vastagítással, óriási élvezettel. Imádtam ezt a ritmikus írást, amit, ha belegondolok, azóta se hagytam abba. Tulajdonképpen egész munkásságom egyetlen széria; hároméves koromtól mostanáig. Az életemet két részre lehetne osztani. Az első fele – negyven év állandó mozgás, változó színterek, pikareszk jelenetekkel, festői színfalak előtt – érdekesebb. A második, tartalmasabb fele – egyetlen jelenet, majd hatvan év, egyhangú díszletek között – épp az ellenkezője: kívülről nézve érdektelen semmi. Az érdekesebb rész érdektelen lenne az érdektelenebb nélkül, amelyben megfestettem azt, ami miatt bárkinek is érdekes lehetne az, ami velem egyáltalán történt. Ami velem kívülről nézve történt, az különben sem a valós történet, mivel valójában nem csináltam semmi mást egész életemben, mint festettem, vagy próbáltam eljutni oda, hogy festhessek, ahogy és amikor csak módom volt rá. Életem első fele véletlenszerű anekdoták sorozata, második fele céltudatos helyben futás. Viszont az anekdoták segíthetnek megérteni festészetem folyamatát, mivel maga az élet tett azzá a festővé, aki vagyok.

NÉHA pontosan emlékszem, bizonyos képeimet hogyan festettem, néha nem. De mindaz, amit festettem – legalábbis a formavilága – visszavezet-

Kávédaráló, 2015

hető korai emlékeimre. Képi nyelvemet nagyrészt anyanyelvemmel egyszerre, egy- és hároméves korom között sajátítottam el. Első emlékeim közé tartozik egy kapu, a házunk kapuja, olyan volt, mint egy *Guanó-menhir*[6] (VII. kép), vagy mint egy *Bejárat-kijárat*[7] (XVI. kép). A ház sárga volt, a kapu meg barna. A kapun fent egy félkör, benne három szín: piros, sárga és zöld vagy kék. Emlékszem a májusfára, és arra, ahogy a házak előtt dobálják a rábaközi perecet, amit a fiúk elkapnak egy bottal. Arra is, hogy édesapám feldob a levegőbe, majd elkap. *Súlytalanság állapota*.[8] Hároméves lehettem, amikor apámmal kéz a kézben sétáltunk egy hídon át, én hóbogyót pukkantgattam, és megbámultam a kastély udvarán a legyezőfarkát mindennap déli tizenkét órakor kinyitó fehér pávát. *Hidrogén, Foton, Neutrínó*[9] (XV. kép). A Balatonon nyaraltunk apámmal. Bámultam a felhőket és a hullámokat. *Folyamat*[10] (XII. kép). Apámnak hófehér bőre volt, és fehér panamakalapot viselt. Emlékszem, ahogy feküdtünk a vízparton, és arra is, hogy labdázott velem. Imádtam édesapámat, nagyon boldog voltam. Amikor megkérdezték, mit szeretnék karácsonyra, azt mondtam: „ezüstcipőt és holdfényt a Balatonnal". *Gomolygás, Csavarás, Oszlopok, Fém*[11] (XIV. kép).

NEM tudom, hány év adatott meg Lázárnak a feltámasztása után, édesapámnak alig tizenkét év. Mindössze három és fél éves voltam, amikor betegsége következtében végérvényesen meghalt. A Reiglek a legrosszabb üzletemberek. László nagybátyám megvette a Bristol Szállodát, de nagyon könnyelmű volt. Öt éven keresztül minden papírt olvasatlanul aláírt üzlettársának, aki elsikkasztotta a fényűzési adót... Ötszáz évig kellett volna élnie, hogy kifizethesse. Nagybátyám telefonált apámnak: „Te ügyvéd vagy, tudsz segíteni", ami felelőtlenség volt tőle, mivel apám halálos beteg volt. Nem szabadott volna felizgatni szívtágulata miatt, amit csoda, hogy Szibéria után egyáltalán túlélt. Mindez a Bristolban történt. Nagybátyám odaadott apámnak egy iratot, aki belenézett, és azt mondta anyámnak:

---

6   Hat vászon a *Guano-menhir*-sorozatból, 1958–1965.
7   *Entrée-sortie*, 1986–1988.
8   *Expérience d'apesanteur*, 1965–1966.
9   *Hydrogène, Photon, Neutrino*, 1984–1985.
10 *Déroulement*, 1973–1980.
11 *Volutes, Torsades, Colonnes, Métal*, 1982–1983.

Súlytalanság (Madár-Judit), 2018

„Szegény Laci, öt gyerekkel koldusbotra jut!" Ezek voltak az utolsó szavai. Rosszul lett, kiment a mosdóba, falfehéren jött vissza, ömlött a torkából a vér, és percek alatt elvérzett. Abban a pillanatban, ahogy apám meghalt, a mi életünk olyanná vált, mint a szabadesés. Amikor születtem, egy hatszobás rezidenciában éltünk, a legjobb körülmények között, de apám halálával megszűnt minden jövedelmünk. Anyám ott maradt egy fillér nélkül; ami kevés érték maradt, azt el kellett adogatnia.

NEM mindennapi családi körülmény a Reigl-sagában: két fivér két nővérrel házasodott össze. Nagybátyám, Reigl László édesanyám nővérét, Terézt vette el feleségül. Apám halála után ez a Teréz fogadott be Budapesten fiai – Laci, Iván, Bandi, Gyuri és a nálam másfél évvel fiatalabb Ottó – mellé. Akkoriban csak hétvégente láttam anyámat. Eleinte állandóan munkát keresett – ami nem lehetett könnyű, mivel addig még sosem volt állása, és valójában nem is igen tanult semmi hasznavehetőt –, miután meg felvették az Uzsoki Utcai Kórházba, ahol a felvételi osztályt vezette, mindig dolgozott. Mivel öt fiúval éltem egy lakásban, sokáig én is fiúnak hittem magam, türelmetlenül várva, hogy átalakuljak. A nagyobb testvérekkel, tulajdonképpen unokatestvérekkel, nem volt igazi kapcsolatom, mert sokkal idősebbek voltak, mint én, de a legkisebb, Ottó gyakorlatilag az öcsém volt. Együtt vittek minket sétálni, és később is mindig együtt mentünk mindenhová. Ottót nagyon szerettem. Emlékszem, hogy amikor karácsonykor én babát kaptam, ő pedig mozdonyt, azonnal elcseréltük az ajándékunkat. Farsangkor ruhát cseréltünk, én elirigyeltem tőle a fiús nadrágját, ő meg lányruhába öltözött. Egyszer vihar volt a Balatonon, és mennydörgött, Ottó azt mondta: jönnek a gyí lovak; azt hitte, lovas szekerek dübörögnek odakint, és ez valahogy nagyon megmaradt bennem. Talán többek között ezért is van, hogy legismertebb festményem lovasokat ábrázol, akik viszont ugyanúgy lebegnek, mint a kávédaráló fogantyúja, amit annyira csodáltam, és annyiszor lerajzoltam.[12]

---

12   Sok képem van madármotívummal: első budapesti emlékem az Egyetemi templom öntöttvas kerítése, amelyet – teszem hozzá most – a pálosok hollója díszített. A legenda szerint a sivatagba visszavonult Pálnak mindennap vitt egy cipót a holló. Budapest ostroma alatt megsérült a kerítés, de amint hallom, egy madár ma is megvan a templomkertben. Az öntöttvas madáron kívül, amelyet most is pontosan le tudnék rajzolni, ezekből az időkből főleg emlékfoszlányaim maradtak. Mindig néztem a villamoson a kalauzokat, és akinek bajusza volt, azt rögtön megszerettem...

Balaton (Reigl Antal), 2018

AZ *Áller Képes Családi Lapja*[13] minden évben kiadott egy tréfás évkönyvet; sokat nézegettem a fiúkkal, és abból tanultam meg olvasni, jóval az iskola előtt. Az első osztályt egy bentlakásos egyházi iskolában, a Huba utcai Salvator Leánynevelő Intézetben végeztem el. Első iskolai emlékem: egy nagyobb lány bonbont osztogatott, mindenkinek adott egyet, utána még egyszer kapott mindenki, de nekem azt mondta, hogy „teneked nem jár, mert a te mamád nem tudná megfizetni". Ezt eddig soha senkinek nem meséltem még el. Korán észrevettem azokat a dolgokat, amik engem nagyon bántottak. Amíg az intézetben voltam, mocsok dolgokat etettek velünk. Mindennap hánytam, néha kétszer. A mi hosszú asztalunk mellett volt a nevelőké, nekik vitték a rántott csirkét meg a sült húst. Mi nem kaptunk ezekből a finomságokból. Mi csak tésztát vagy főzeléket kaptunk, esetleg szalonnabőrkét. Egyszer éppen mákos tészta volt, amikor

Állandóan az asztal alatt játszottam... A spenótot csak úgy ettem meg, ha kenyérre volt kenve, meg a többi főzeléket is... A kenyérből a végét szerettem a legjobban, a serclit, mindig azt kértem... Nem nagyon szerettem az édességet, ha kaptunk, én eldugtam egy bútor „rejtekhelyébe", hogy majd ha kedvem lesz, megeszem, a fivéreim pedig megtalálták, és kiszedték... Nagybátyáméknál nem várták el, hogy csináljak bármit is, amihez nem lett volna kedvem. Egy emlékezetes kivétellel: Laci nagybátyám, aki különben mindig nagyon szerető és szeretetre méltó ember volt, egyszer megkért, hogy terítsem meg az asztalt, amire azt válaszoltam: „Nem vagyok én cseléd." Erre adott egy pofont, de mivel addigra már elszégyelltem magam, nem szóltam egy szót sem. Öt erős fiúval felcseperedve – sőt hat fiú is lehetett volna, mert egy kicsi korában meghalt, torokgyíkban – meg kellett harcolnom mindenért. Tudtam, hogy vagy kiállok az igazamért, vagy elpusztulok. Laci nagybátyám és Teri nagynéném nagyon jók voltak hozzám, rendesen bántak velem, de állandóan azt mondogatták, öt fiú, no meg egy lány, és ez engem fölháborított. Pedig kedvesen mondták, és a fiúk igazán békések voltak. Amikor már tudtam, hogy festő leszek, megfogadtam, hogy ezt nem tűröm tovább. Kijelentettem, hogy „ez az egy lány lesz a családnak a büszkesége, aki majd bekerül a történelembe. Meglátjátok, ha fennmarad a nevünk, az miattam lesz". Erre, ahelyett hogy nevettek volna, mindenki megdermedt. Persze így is történt. A Rieglek majdnem mind középszerűek, de elégedettek voltak. Édesapám Laci bátyja azért kitalált valamit: a hármas kiszabást. Ez egy nagyüzemi étkeztetési módszer volt, ami nagy újításnak számított, és igen népszerű lett, állítólag még Svájcban is átvették. Nagybátyám könyvet is írt a módszerről, úgy tudom, a Vendéglátóipari Iskola tanítványainak. Mindenesetre mindjárt az elején több száz embernek, de száznak biztosan szállított. Persze akkoriban minden üzlet előbb-utóbb tönkrement, és ő megint koldusbotra jutott, a sok gyerekkel. De mivel a hármas kiszabás mindenfajta nagyüzemi étkeztetésben alkalmazható volt, ő újra kapott egy nagyon jó állást: a kórházak ellátásának lett a fő embere, legalább ezer ember élelmezését kellett biztosítania. Elbocsátották, azután visszavették, és ez így ment évekig, amíg nem jött a második világháború: az mindent elsöpört. Bármi is volt pontosan az a hármas kiszabás, nagyon okos dolog volt, és valahogy a Rieglek mindig megéltek belőle. Emlékszem, mint kisgyerekek, mentünk az ételhordóval. Minden csütörtökön minket küldtek el a központi konyhába az ebédért, mert akkor volt sütemény: buktát adtak.

13 1924-től 1927-ig megjelenő, képes hetilap.

Reigl Judit unokafivéreivel, 1926

bejött egy új tisztviselő, egy orvos. Amikor kezdték osztogatni, meglátta a nagy halom tésztát a kevéske mákkal. „Maguknak ez mákos tészta?" – kérdezte, és adott egy kiló mákot. Vigyázva ráöntötték, és amikor az orvos elment, leszedték a tésztáról. Nem csoda, hogy ordítottam minden héten, mikor visszavittek az intézetbe.

AZ APÁCÁKNAK nagyon furcsa elképzeléseik lehettek a nevelésről. Mindenszentek napján, zimankós időben, kivitték a kislányokat egy piknikre a temetőbe. Mivel engem nagyon foglalkoztatott a halál gondolata, folyton zaklattam az apácákat egyre részletesebb kérdéseimmel. Mindig ugyanazt a választ kaptam: azért falatozunk a temetőben, hogy megbarátkozzunk a halál gondolatával, és hogy megértsük a halottakat. Úgy kell tehát viselkednünk, mint ők: meg kell tanulnunk csöndben maradni. A lányok eszegettek tovább a sírokon, én meg elmentem sétálni. Nagy, fekete gyászkocsikat láttam gurulni egy épület felé, bementem, és ott két oldaltermet találtam, nyitott koporsókkal. Az egyikben volt egy kisfiú, kötéssel a fején – talán meglékelték. Egy kis táblára rá volt írva a neve és az életkora: hétéves volt, mint én. Nem tudom elfelejteni: bejött az anyja, és ordított: „Nem ismerek rá a gyerekemre, ez nem az én gyerekem, elcserélték!" A másik oldalteremben egy huszonhat éves fiatalember feküdt, a feje neki is bekötve, de csak hátul, és az a haj, ami látszott, gyönyörűen ketté volt választva és alaposan be volt kenve pomádéval, mint Rudolf Valentinónak.[14] Főbe lőhette magát kártyaveszteség miatt? Később, rémálmaimban előjött mindkét halott.

MIVEL családom a nagy gazdagságból addigra már jócskán lecsúszott, nyaranta bekerülhettem a fővárosi gyermeknyaraltatási akciókba, ahol megismertem a legszegényebb proletár gyerekeket. Emlékszem az alföldi Alpárra; azt Auguszta főhercegnő[15] alapította. Húslevest ettünk és mócsingot, de én szerettem ott lenni, és az egy hónap alatt, ha valakitől kaptam egy szem gyümölcsöt, egy szelet görög- vagy sárgadinnyét, a mennyekben éreztem magam. A balatoni üdülő Zamárdiban viszonylag elit helynek számított. Egyszer meghívták a családokat, leültették őket, hoztak nekik egy nagy tál gulyást, mi meg körülálltuk az asztalt, és néztük őket. Én nagyon szégyelltem magam. Anyám többször elküldött tehetősebb vidéki rokonokhoz, hogy hizlaljanak fel.[16] A nyári szünet idején, ha nem voltam éppen vidéken, a kórházban laktam, a főépület mögött, ahol édesanyám kapott egy szoba-konyhás lakást.[17] Mivel anyám egész nap dolgozott, gyakran egyedül voltam otthon. Mindennap többször is meglátogattam anyámat az irodájában. Az út mentén ketrecek voltak elhelyezve, amelyekben száj- és körömfájás ellen beoltott, kísérleti állatok voltak. Ahogy mentem a kerítés mellett, és néztem az állatokat, valószínűleg megfogtam a ketreceket, vagy csak hozzáértem a rácshoz, mindenesetre megkaptam a betegséget. Nem tudtam nyelni, nyelvem és szám tele volt kiütésekkel. Rendkívül fájdalmas volt, de leginkább arra emlékszem, ahogy anyám sírt. Amikor később láttam a beteg birkákat, annál is inkább sajnáltam őket, mivel jómagam is átéltem szenvedésüket.

---

14 Rudolf Valentino (1895–1926): olasz némafilmszínész.
15 Auguszta Mária Lujza (1875–1964): bajor főhercegnő, Ferenc József unokája.
16 *Egy alkalomra jól emlékszem: Somlóvásárhelyen töltöttem egy kis időt egy birtokon, ahol egy másik nagybátyám volt az intéző. Hétéves lehettem, amikor leutazott nagybátyámhoz egy miniszter Budapestről, hogy ellenőrizze a somlói szőlőtermést. Én a szomszéd szobában éppen lefeküdtem aludni, de átjöttek a szobán, amikor is felálltam az ágyban, és egy korabeli slágert idézve így köszöntöttem: „Szervusz, Papanek, hogy kerülsz ide?"*
17 *A lakás konyharésze nem érdekelt, csak akkor mentem arra, amikor édesanyám pörköltet főzött. Mindig azt kértem születésnapomra meg névnapomra, uborkasalátával. Én is hamar megtanultam pörköltet főzni; sose érdekelt a főzés a pörköltön kívül, de az már kiskoromban is remekül ment.*

Reigl Judit édesanyjával, Reigl Júliával az Uzsoki Utcai Kórház folyosóján, 1929

ÉRDEKES gyerekkorom volt. Egyáltalán nem könnyű, filmet lehetne belőle csinálni, de nem érdemes, jobb elfelejteni. Egyszer egy asztrológus magánszorgalomból elkészítette a horoszkópomat – amiben egyébként én nem hiszek –, és azt mondta, hogy én védve vagyok egész életemben, mintha lenne egy védőangyalom, aki mindig velem van, és egyszer már gyerekkoromban is megmentett egy halálos veszedelemtől, aminek a traumája azóta is kísért. Nagyon is találó volt, amit mondott. Belém vágott a villám, megrázott az áram, lőttek rám géppisztollyal, átmásztam az aknamezőn, sorolhatnám tovább; többször is szükségem volt egy ilyen angyalra, de először leginkább akkor, amikor hétéves koromban egy vérbajos megtámadott az Uzsoki Kórházban. Borzalmas emlék; ha visszagondolok rá, még ma is kiver a verejték. Ellenálltam, úgyhogy megmenekültem, de akkor senkinek nem mondtam el, még családtagnak sem. A kórházban, ahol anyám dolgozott, a vérbajosoknak külön pavilonjuk volt, és ez a gonosztevő vizsgálatra jöhetett be. Nagyjából emlékszem az arcára: a Szondi-teszt egyik szadistájára hasonlított, és lehet, hogy az is volt, mivel Szondi Lipót,[18] akivel később, húszévesen találkoztam, ilyenfajta emberekről készült, korabeli fényképeket használt a tesztjéhez. Az a

---

18 Szondi Lipót (1893–1986): magyar származású svájci pszichiáter.

pokolfajzat megragadta a kezem, és behurcolt a lépcsőházba. Szerencsére én túljártam az eszén: amikor elkezdte letolni a nadrágját, hallani lehetett, hogy emberek közelednek a folyosón, és én hirtelen, a másodpercnyi zavarban ki tudtam rántani magam a szorításából, és el tudtam szaladni. Ha nem is feltétlenül a védőangyalom, de mindenképpen a csoda mentett meg. Hang nélkül zajlott az egész. Kihúztam a kezemet, elfutottam, ő utánam. Nem ért utol, de mivel éppen a kísérleti állatok ketrecénél voltunk, az a gazember kinyitotta a rácsos ajtókat, hogy ha valahogy mégis botrány lenne, azt higgyék, hogy én követtem el valami csínyt, és csak kitalálnék egy történetet, hogy ki ne kapjak. Szóval ez az ember kinyitott minden ketrecet, és mindenki, aki ott dolgozott, próbálta az összevissza rohangáló állatokat visszaterelni a ketrecekbe. Anyám a nyulakat igyekezett visszatartani egy lepedővel. Olyan volt, mint egy burleszk és egy horrorfilm keveréke: laboránsok, nővérkék, birkák, nyulak, egerek szaladnak mindenfelé, miközben egy halálra rémült kislány menekül a szörnyeteg gyilkos elől. Végül is, mivel nem volt arrafelé más gyerek, az emberek tényleg azt hitték, hogy én voltam a bűnös, én meg annyira lebénultam az ijedtségtől, hogy elakadt a szavam. De azt már akkor, hétévesen átláttam, hogy mennyire megtéveszthetőek az emberek.

AZ IS ott volt a horoszkópban, hogy a rágalom végigkísér egész életemben. Az el nem követett ketrecnyitogató csíny, a legaljasabb, volt az első. Nagyon bánt, hogy életem során soha nem tudtam lemosni magamról az ilyen típusú, hamis vádakat. Például, amikor 1957-ben Georges Mathieu[19] egy provokatív, André Breton[20]-ellenes akciósorozata miatt a szürrealisták elterjesztették rólam, hogy én is jobboldali, sőt királypárti vagyok, mint ő. Az akciókat Jean Fournier[21] szervezte Mathieu-vel és Hantai Simonnal[22] a Galerie Kléberben, közvetlenül az én *Robbanás-*[23] (IV. kép) kiállításom után. Kiállításom alkalmából, amelyet a

---

19 Georges Mathieu (1921–2012): francia festő. *Emlékszertartás Siger de Brabant második elítélése alkalmából (Cérémonies commémoratives de la deuxième condamnation de Siger de Brabant)* című, Hantai Simon festővel közös, nagy visszhangot kiváltó kiállítását 1957-ben, a párizsi Galerie Kléberben rendezték.
20 André Breton (1896–1966): francia író, esztéta, a „szürrealizmus pápája".
21 Jean Fournier (1922–2006): francia galerista.
22 Hantai Simon (1922–2008): magyar származású francia festő.
23 *Éclatement,* 1955–1957.

szürrealisták főellensége, Mathieu rendezett, Simon írt egy lelkes, szinte istenítő szöveget. Nem emlékszem pontosan, de mintha Simon unszolására alá is írtam volna valamit. *Mea culpa, mea maxima culpa*.[24] Mindez bőven elég volt ahhoz, hogy a szürrealisták mindannyiunkat egy kalap alá vegyenek. Tudni kell, hogy Mathieu, jobboldali beállítottsága, szünet nélküli pózolása révén, Bretonnak olyan volt, mint egy bikának a vörös posztó. Simon 1956-ban kiábrándult a kommunizmusból, és akkor épp szélsőséges katolikusnak képzelte magát. Rajongott Mathieu-ért, de főleg azért asszisztált, úgymond, „rózsakeresztes" akciósorozatához, hogy azzal is bosszantsa Bretont, még mindig imádott mesterét, akivel másfél évvel korábban szakított. Simont 1957 tavaszán a szürrealisták visszamenőleg kiátkozták a csoportból, a *Figyelmeztető lövés*[25] című kiáltvánnyal. Ebben a kiáltványban engem úgy említenek – hogy pontosan idézzem –, mint egy „törtető kékharisnyát". Meg kell jegyeznem, hogy Mathieu-vel egyébként valóban jóban voltunk. Szerette a munkámat, én meg az övét, egészen addig, amíg egyszer nem voltam tanúja annak, hogy hogyan rajzol. Hiába beszélt meggyőzően, mint egy elkötelezett művész, úgy dolgozott, mint egy betanított munkás, akinek késedelem nélkül kell továbbítania a terméket a futószalag végén várakozó keretezőhöz. Már nem változtat semmin, de itt most leszögezem: bármit állítottak is a szürrealisták a *Figyelmeztető lövés*ben, akármilyen hibát követtem is el, bármilyen cselekedetemet magyarázták is félre, bárkinek a tulajdonságait vagy bűneit vetítették is rám, sosem voltam se jobboldali, se királypárti, se nacionalista, se keresztény, se antiszemita. Ha egyáltalán lehet azt mondani, hogy voltam valami, akkor baloldali voltam, mióta az eszemet tudom.

HASONLÓ dolog történt néhány éve Magyarországon is. A budapesti Ludwig Múzeumban megrendezett, különben nagyon jól sikerült

---

24 „Én vétkem, én igen nagy vétkem" (latin).
25 *Coup de Semonce* (1957. március 25.): „Ezt a *Judit Reigl* című közleményt, amely e törtető kékharisnya december–januári [1956. december 12. és 1957. január 5. közti] kiállítását hirdeti [Kléber Galéria, a René Drouin és Tsa. Galéria közreműködésével], annak szentelte Mathieu, hogy »a mi nyugati zseninket« dicsőítse, Hantai pedig »a vagdalkozást provokáló eszelős szertelenségnek«. Mindezt egy bizonyos filozófiai esztétikával alátámasztva, amelynek említsük meg fő alapvonásait: a festő, aki elveti a rációt, csakis az eksztázis nevében teheti ezt, ami »a megvalósulás és a túlélés hiányában« felölel mindent, ami lehetséges, bármit, ami lehetséges, »amit az alkotás alapvető érdeknélkülisége magában foglal«."

kiállításomat kifejezett kérésem ellenére egy jobboldali miniszter – nem mintha bármilyen miniszternek örültem volna – nyitotta meg. Beszédében többször is hazug módon nem létező barátságunkra hivatkozott – ami tulajdonképpen választási korteskedés volt. Amikor több valódi barátom tiltakozott a nevemben, akkori budapesti galeristám azt kezdte terjeszteni rólam, hogy „Reigl Judit egyetért a magyar kormány kultúrpolitikájával" – ami egy nagy gazemberség, mert ennél semmi sem áll távolabb tőlem. Nem ok nélkül szöktem el Magyarországról, ahol két hétnél tovább most se bírnám ki, mivel, úgy tűnik, valami átok folytán Magyarországon a lényeg, a megrögzött szolgaság ezer éve nem változik, és ahol Zsdanov[26] szelleme ma is teljes erővel kísért. Mindenesetre a hamis vádak ellen a legnehezebb védekezni, a valóságtól minél inkább elrugaszkodott a vád, annál nehezebb.

NEM akarok erről sokat beszélni, de már hétéves koromtól többet tudtam a tiltott dolgokról, mint az apácák, akik a tilalmakat fennen hangoztatták iskolánkban. Mindig baj volt a magaviseletemmel. Nem tudtam összeegyeztetni azt az Istent, akiről a templomban beszéltek, és azt a szörnyűséget, ami történt és főleg történhetett volna velem. Megrázó emlékem a Belvárosi templomból egy gyertyatartókkal körülvett szentségtartó, amelyben, amikor félrehúzták a függönyt, vörös nyakon három rémületes, falloszszerű, szakállas fejet láttam virítani. Olyan képek és gondolatok forogtak a fejemben, amelyek nemcsak egy gyerek számára voltak tiltottak, de az egyház szerint a felnőttek számára is. Amikor elsőáldozásom előtt gyónni kellett, elmondtam a papnak „tisztátalan" gondolataimat, és azt is, hogy káromoltam az Istent minden rosszért, ami történt velem. Büntetésből imádkoznom kellett, de az nyilván semmit sem segített, és a kínzó gondolatok ott forogtak a fejemben tovább. Ezután úgy blicceltem el a miséket, mint a többi lány a tornaórát. Nem féltem az isteni haragtól: elfogadtam volna a rám kiszabott büntetést, de alapjában lázadtam az egész ellen. Életemben nem volt olyan halálfélelmem, mint hétéves koromtól tizenhárom és fél éves koromig. Az az idő valóságos kálváriának tűnik. Egész gyerekkoromban borzasztó nyomás volt rajtam. Egy olyan bűnért kellett vezekelnem, amelynek még csak nem is elkövetője, hanem áldozata voltam. Hamar lettem önálló, de ennek nagyon nagy ára volt.

---

26   Andrej Zsdanov (1896–1948): orosz sztálinista kultúrpolitikus.

Tizennégy éves koromra féktelenné váltam. Később, serdülőkoromban, amikor csak lehetett, kirúgtam a hámból – csak a rajzolás és a festés okozott örömet, aközben valahogy mindig megnyugodtam.

ÉLETEM egyik legszebb napja volt, amikor hét és fél évesen anyám jövendő férjétől kaptam egy nagy festékesdobozt karácsonyra, és először próbáltam a színeket keverni. Azóta se volt ilyen csodálatos és drága, profi felszerelésem. Másnap délben leültem a hatalmas asztal mellé az üres, tiszta és napfényes szobában, kinyitottam az emeletes fadobozt, ami tele volt szebbnél szebb, ragyogó festéktubussal, a színek legelképzelhetetlenebb árnyalataiban. Egészen pontosan emlékszem minden kicsi részletre, mintha most történne, legélesebben arra a hihetetlen csendre és nyugalomra, ami akkor, életemben először elöntött. Egy kifestőkönyv is volt a felszereléshez csomagolva, de én nem a vonalakon belül kezdtem el festeni, hanem rajtuk kívül, vagy az üres hátoldalakon, szabadon, egyik lap után a másikon, összevissza. Poroszkéket kevertem kadmiumsárgával, és csodák csodája, egy vibráló zöldet kaptam. A kárminvörös és ultramarin egy meleg lilát hozott össze. A végén minden színt összekevertem, ami egy ürülékszerű barnát adott, úgyhogy a barna színt azóta se használtam, nagyon is tudatosan. Ami néha barnának tűnik a vásznaimon, az tulajdonképpen mindig bronz. Következő ősszel összeszedtem egy kosárnyi, gyönyörű friss vadgesztenyét, édesanyámtól kértem egy fazekat, emlékszem, nagyon húzódozott, de végül mégis adott. Főzni kezdtem. Azt hittem, hogy azt a szép csokoládészínt fogom kapni, amilyen a héja, de bután nem vettem ki a belét. Valami reménytelen, gusztustalan, piszkosszürke lötty lett belőle, amit semmire sem lehetett használni. Szerettem volna földet is használni, próbálkoztam is ezzel, már amennyire ez egy gyerektől kitelt, de nem sikerült. Azt is terveztem, hogy paprikával fogok festeni.

AZ INTÉZETBEN maradtam, egészen addig, míg édesanyám férjhez nem ment, és Szegedre nem költöztünk. Csöbörből vödörbe kerültünk: az új férj nagy svihák volt, de anyám bizonyára szerette, mert nem hagyta ott soha. Szegeden egy Montessori-típusú[27] mintaiskolába jártam, ami hihetetlenül felszabadító volt az apácák után. Egy teljes évig mindennap úgy éreztem,

---

27 Maria Montessori (1870–1952) pedagógiai módszerét követő iskola.

amikor beléptem a kapun, hogy nagy szerencsém van. Nem utánozni kellett, amit a tanárok mutattak, hanem mi, gyerekek a tanárokkal együtt találtuk ki azt, hogy mi érdekel bennünket a legjobban. Egy nap rajzórán festettünk valamit – nem emlékszem, mit, gondolom, csak egy csendélet lehetett –, amikor letettem az ecsetet, és kezembe vettem a szivacsot, amivel a táblát törölték, bemártottam a festékbe, és egyetlen mozdulattal odavarázsoltam egy nagy, tökéletes kört. Mintha ezt a mozdulatot ismételtem volna a *Jelenlét*[28]-sorozatban, az ötvenes évek végén. Az apácáknál ezért megbüntettek volna, de ebben az iskolában a fiatal tanáromnak nagyon tetszett, és rögtön odacsődítette a fél tanári kart, hogy csodálják meg, mint a fáma szerint VIII. Bonifác pápa[29] Giotto tökéletes körét.[30] Nyolcéves koromban visszaköltöztünk Budapestre. Ennek én persze akkor, gyerekfejjel nagyon örültem, mert újra együtt lehettem öt unokatestvéremmel.

EGÉSZ gyerekkoromat végigkísérte a *Tolnai Világtörténelme*,[31] amelynek tíz kötetében, meglepően részletezve, minden megtalálható volt, amit a múltról egy gyerek is megérthetett. A művészettörténet ugyan csak címszavakból volt követhető, de minden egyes oldalon volt vagy egy piramis,

---

28 *Présence*, 1958–1959.
29 VIII. Bonifác (1235 körül–1303): 1294 és 1303 között uralkodó pápa.
30 Giotto di Bondone (1267–1337), a nagy olasz festő egy szabad kézzel rajzolt, tökéletes körrel káprázatta el VIII. Bonifác pápát. *Szegeden a nappalok jól teltek, éjjelente viszont ismétlődően előjöttek a különféle rémségek. Hogy egyet mondjak: ágyammal szemben lógott a családi vagyon utolsó morzsája: egy régi német szentkép, amely a Szentháromságot ábrázolta. Nem lehetett nem ránézni, a képpel ébredtem, és azzal is aludtam el. Leginkább a felhők izgattak: hogyan lebeghetnek a levegőben, amikor láthatóan betonból vannak öntve? Ráadásul még két, ormótlan figura is hevert rajtuk, ami önmagában is kizárta volna, hogy mindez csak úgy az égben legyen. A Szentlélek-galamb legalább hihető volt, mivel szárnyai voltak. Valamiért teljes szívemből gyűlöltem az Atya-figurát a jobb oldalon: egy ijesztő pofa, rémítő nagy szakállal, fején pápakalappal, vállán aranypalásttal. Amilyen csúnyán csak tudtam káromkodni, úgy szidtam azt a szigorú Isten bácsit, aki annál haragosabbnak tűnt, minél csúnyábban gyaláztam a hű mását. Szégyelltem magam, és tudtam, hogy bűnt követek el. De mégsem volt rossz a lelkiismeretem. Tisztában voltam azzal, hogy bűnösnek találtatnék, de én pont azért káromoltam a haragos ítélkezőt, mert nem lett volna szabad ezt tennem.*
31 Első kiadásában (1908–1912) 10, második kiadásában (1926–1931) 20 kötetes, magyar nyelvű, világtörténeti mű. *Nemrégen kaptam egy kötetet ajándékba; gyerekkori mementó, öröm ránézni és kézbe venni. Azóta se láttam olyan borítót – mellesleg a magyar szecesszió esszenciája –, amely jobban bemutatta volna a könyvet: zöld alapon domborítva, piros és aranyozott, stilizált, kalotaszegi hímzésmintákba foglalva egy méltóságteljes, szelíden mosolygó, piros és fekete, távol-keleti ruhába öltözött, megnyerő, koronás hölgy bizánci aranymozaik háttér előtt egy középkori kódexet lapoz.*

Reigl Judit elsőáldozóként, 1931   Reigl Judit osztálykiránduláson Egerben, 1938

vagy egy múmia, vagy egy oszlopos templom, esetleg egy ostromlott város, és ily módon az illusztrációk – megannyi, magával ragadó rézkarc – megismertették velem a különböző korok építészetét, öltözködését, ábrázolásmódját és valamennyire a művészetét; mellesleg szerintem már akkor megutáltatták velem a történelmi festészetet. Az biztos, hogy rossz művészettel előbb találkoztam, mint jóval. Nevelőapám, amikor látta, hogy érdekelnek az illusztrációk, elvitt a Szépművészeti Múzeumba, ahol balszerencsémre akkor éppen másodrendű finn patrióta rajzokat állítottak ki. Menekültem onnan, ugyanúgy, mint annak a szobrásznak a műterméből, akit nevelőapám távolról ismert, és aki szemem láttára mintázta azt a szörnyű, kézigránátos, világháborús emlékművet,[32] ami azóta is ott terpeszkedik a Harminckettesek terén, a galambok legnagyobb örömére.

TÍZÉVES koromban volt az első igazi művészi élményem, amikor is Gábor nagybátyám[33] könyvtárában a kezembe került egy nagy méretű,

---

32 Szentgyörgyi István (1881–1938): *32. gyalogezred emlékműve*, 1933.
33 *Dévai (Dostler) Gábor* [1888–1970] *zenetudós nagybátyámhoz, aki a bizánci zene specialistája volt, kisgyerekkoromtól egészen tizenhét éves koromig jártam rendszeresen a MÁV-gépgyár kolóniára. Olyan német mintára készült falanszterféle volt, mint amilyeneket az expresszionista filmekben láthattunk: saját víztornya, közösségi épülete volt – egy része ma is megvan. Emlék-*

gyönyörűen nyomtatott könyv a Sixtus-kápolnáról. A képek fekete-fehérben voltak reprodukálva, de tökéletes részletességgel. Órákig nézegettem, először az *Utolsó ítélet*et,[34] azután az *Ádám teremtésé*t,[35] és még most is át tudom élni, ahogy a kápolna minden jelenete szépen sorban, külön-külön is megbabonázott. Valahogy ráérezhettem arra a hihetetlen, egyszerre felemelő és lesújtó élményre, amit a kápolna nyújt, akkor is, ha tetszik az embernek, akkor is, ha nem. Ezt abból gondolom, hogy amikor először voltam a Sixtus-kápolnában – amikor Rómába érkeztem, első utam oda vezetett –, úgy tűnt nekem, mintha ismerős helyen járnék. Nemrég jöttem rá, hogy az *Ember*[36]-szériában (X. kép) tulajdonképpen Michelangelo[37] szentjei és persze az *Ignudi*[38] jelentek meg. De oly módon, ahogy először láttam: fekete-fehérben. Eredetileg a színes *Homme*-ok is mind fekete-fehérek voltak,

---

szem, tizenkét ház volt. A tizedik ház, ahol nagybátyámék laktak, a gyár főnökeinek készült, egy kicsit elegánsabb és tágasabb lakásokkal, mint a többi épületben. Szép kilátás nyílt az ablakból, és ráadásul volt ott egy zongora is, amit rögtön kipróbáltam. Ettől a nagybátyámtól mentem többször haza Ottó öcsémmel a sötét utcákon. Ott mentünk át a sötét Kálvária téren, egy lélek se volt. Ottó úgy remegett, szegény gyerek, én meg biztattam, hogy ne féljen. Én is féltem, de nekem muszáj volt legyőznöm a félelmemet. Ottó még kicsi volt, de tudta, hogy én vigyázok rá. Nevezetes nagybátyám olyan középkori zenével foglalkozott, ami azelőtt nem volt lekottázva. Világjáró volt, színes képeslapokat küldött mindenfelől, még Kínából is, és mindenhonnan könyveket hozott magával. Nála láttam először igazi könyvtárat. A vallásos iskolában olyan könyvtár volt, ami egy fillért sem ért. A műveltségemet ennél a nagybátyámnál szereztem vagy olvastam össze. Jól emlékszem, hogy ámulva forgattam az Isteni színjátékot, elefántcsont kötésben, metszetekkel. Érteni nem értettem, mert nem magyarul volt. Szintén emlékszem Madách Imre [1823–1864] Az ember tragédiájára, Zichy Mihály [1827–1906] illusztrációival. Az illusztrációk néha megdöbbentettek, mert a furcsaságokat rendszerint senki sem tudta megmagyarázni, persze Gábor nagybátyám kivételével; nála egy olyan világ tárult fel előttem, mely szöges ellentétben állt a mi szegényes életünkkel. Gyerekkori neveltetésem meglehetősen hiányos volt, de én állandóan a könyveket bújtam. A Reigl fiúkat nem érdekelték a könyvek; okosak voltak, de korlátoltak. Testvéreim, akik már gimnáziumba jártak, kivették az iskolai könyvtárból a Jules Verne-regényeket, de inkább focizni mentek, mint hogy olvasták volna. Én meg nyolc-tíz éves koromban az összkiadás minden kötetét elolvastam. Ha vendégségbe mentünk, a velem egyívású gyerekek játszottak, én meg odamentem a könyvtárhoz, olvasnivalót kerestem. Már kamaszkoromban, nagybátyám könyvtárában a kezembe került egy kiadvány a Szókratész előtti filozófusok szövegeivel. Saját gondolataimat értettem meg Empedoklész és Hérakleitosz sorait olvasva. Az empedoklészi Szeretet és Viszály alaptémája lett több, későbbi képemnek. Ebben a vékony kötetben találtam rá elkövetkező éveim, egész életem hérakleitoszi mottójára: „panta rhei" – folyamat.

34 *Il giudizio universale*, 1535–1541.
35 *Creazione di Adamo*, 1509–1510.
36 *Homme*, 1966–1972.
37 Michelangelo Buonarroti (1475–1564): olasz festő, szobrász, építész.
38 „Meztelen férfiak" (olasz). Michelangelo *Ignudi*nak nevezte a Sixtus-kápolna húsz ülő – és tematikailag nem odaillő – meztelen férfialakját, amelyek egyfajta keretet adnak a különálló freskóknak, de amelyek pontos jelentése máig is rejtély.

csak később színeztem őket. Valaki mondta egyszer, hogy ha hunyorítva nézzük a kápolna főfalát, Reigl-*Homme*-okat látunk. Nem sokkal az után, hogy ezt a csodás könyvet láttam, tudatosan jelentettem ki a családomnak, hogy „én művész leszek, festő". Pontosan tudom, melyik lakásban laktunk akkor Budapesten, pedig gyermekkoromban negyven alkalommal költöztünk a nevelőapám miatt, aki sose tudta kifizetni a lakbért, gazdagabb környékekről egyre lepusztultabb helyekre – és egyre nyirkosabb lakásokba, gyakran nemcsak a bútorainkat, de még az én játékaimat is hátrahagyva –, akkor éppen a nyolcadik kerületi kurvanegyed határára. Emlékszem első szobrászi próbálkozásomra. Egy bicskával tűzifából faragtam volna egy bábut. A fa szálkás volt, és szinte lázadva ellenállt, ott repedt el, ahol kedve tartotta, és képtelen voltam formálni. Második próbálkozásom jobban sikerült. Volt egy kályhásmester az Örömvölgy utcában[39] – ami a kurvanegyedet jelentette –, akinek mindennap elmentem a műhelye előtt. Kérésemre nagyon kedvesen adott egy tömb samottot. Amikor ez az anyag kezdett kiszáradni, már olyan jól tudtam formálni a bicskámmal, mintha homokkő vagy mészkő lett volna. Készítettem egy nagy tojásformát, majd elvettem belőle a felesleget, mialatt száradt, pont úgy, ahogy festményeimet dolgoztam meg évtizedek múlva. Nagyon örültem a megjelenő kis figurámnak, ami az emlékeimben összemosódik több neolitikus szobrocskával, melyeket jóval később múzeumokban láttam.

MIVEL állandóan költözködnünk kellett, mindig más iskolába jártam, egészen tízéves koromig, amikor is nevelőapám, aki szeretett nagyzolni, kiszélhámoskodta, hogy a Sophianumba kerüljek. Így elit iskolába járhattam – ahogyan egy katalógus fogalmazott –, a jobb társadalmi osztály leányainak szánt intézménybe. Azt hittem, hogy felvesznek szegény, de tehetséges gyerekeket tandíjmentesen. Nem egészen így volt: nevelőapám hónapról hónapra halasztotta a fizetést – évekig. Az apácák itt is csak a magaviselettel foglalkoztak; én vadóc voltam, szerintük fegyelmezetlen, szerintem csak eleven.[40] Ilyen szabály volt: harmincöt centire kell lennie

---

39 Ma: Diószegi Sámuel utca.
40 *Valamilyen ünnepségre eljött Karafiáth Jenő [1883–1952] miniszter. Ott álltam sorfalat a többiekkel együtt. Előzőleg rosszabb idő volt, akkor kisütött a nap. A miniszter pökhendi módon kijelentette: „Megrendeltük a jó időt." Erre én visszaszóltam: „Vajon kinél?" Elvörösödött, és szó nélkül elment a sleppjével.*

a szoknyának a földtől. És mi van azzal a gyerekkel, aki már száznyolcvan centi, vagy aki százharminc? Hogy van ez? Hát nem vagyunk egyformák! Tiltva volt minden, ami egy fiatal lányt érdekelhetett, főleg az érzékiség bármilyen megnyilvánulása. Amennyire nem szerettük egymást a szigorú, parancsolgató apácákkal, annyira jól kijöttem a tanáraimmal.[41] Amikor rossz magaviseletem miatt kizártak az iskolából, tanáraim fél év elteltével elintézték, hogy visszavegyenek.

KIZÁRÁSOMNAK két fő vagy közvetlen oka volt. Eugenio Pacelli[42] kardinális, a pápai nuncius, aki később XII. Pius néven lett pápa, meglátogatta iskolánkat, és én nem voltam hajlandó letérdelni a tiszteletére, mint mindenki más. Néhány órával később, még ugyanazon a napon, másodszor is megtagadtam, hogy letérdeljek a jövendő pápának, amikor is Pacelli a Dunán, egy hajós körmeneten utaztatta a Szentséget, a budapestiek üdvösségére. De igazán akkor telhetett be a pohár, amikor április elsején telefonáltam néhány diáklánynak, úgy, mintha a Sophianumból hívnám őket, mondván: „Az osztályfőnökük vagyok, kérem, adjanak le körtelefont, hogy holnap mindenki jöjjön ünneplő ruhában, fekete harisnyában – mert azt mindenki utálta –, és hogy nem kellenek könyvek, nem kellenek füzetek..." – elintéztem, hogy ne legyen tanítás. Szóval ilyen áprilisi tréfát csináltam... Sikerült is, mert elhitték. A tréfa nem volt rosszindulatú, de teljesen félremagyarázták, mert az egyik tanárnő egy kicsit beteg volt, és azt mondták, hogy talán arra céloztam, hogy meghalt. Amikor kizártak, fél évig az Andrássy útra jártam, egy magas színvonalú állami iskolába, ahol leginkább a matematikát szerettem. Ott hallottam először a kozmikus dolgokról és az atomról. Iskolából hazamenet gyalogoltam, gyakran kerülő utakon csavarogtam. Budapest lakosságának keresztmetszetét láthattam mindennap. Práter utca, Mátyás tér. Orvostanhallgatók és kurvák. Cigányzenészek a Kálvária tér mellett.

---

41 *Az iskolában átküldtek egyik osztályból a másikba. Elbuktam a küszöbön, felsebezte térdemet a rézszegély, végig véres lett a folyosó. Az osztályfőnököm orvoshoz vitt. A sebész, miután összevarrta a sebet – mivel összeszorítottam a fogam, és nem sírtam –, azt mondta tanáromnak, hogy írjon be egy nagy egyest az ellenőrző könyvembe, amire ő azt felelte: Judit anélkül is egyes. Annyira jólesett, hogy nem felejtettem el. Kilencven év telt el azóta, nem tréfadolog.*

42 Eugenio Pacelli (1876–1958): XII. Pius néven pápa (1939–1958).

VISSZAKERÜLTEM a Sophianumba.[43] Állandóan olvastam, ha meg éppen nem, akkor festettem vagy szobrokat faragtam. Egyszer csak, tizennyolc éves koromban, már az érettségi után, elérkeztem egy holtpontra. Akkor valaki, helyesebben valamifajta hang azt mondta: „Számot kell adnod, és tudnod kell, mit akarsz a jövőben." A számadás az valaminek a vége: én újat akarok kezdeni, ennek szentelem az életemet. Nem fogok se férjhez menni, se elmulatni nem fogom az életem... Csak azért nem mondom azt, hogy volt egy látomásom, mert csak egy hang volt, nem láttam semmit. Hirtelen valahogy vallomást kellett tenni, hogy mit akarok az életben. Ezt nehéz megfogalmazni, mert erre nincsenek szavak. Akkor hangosan kijelentettem: „Én a művészettel jegyzem el magam egy életre!" Tudtam, hogy csak annak fogok élni.

A KÉPZŐMŰVÉSZETI Főiskolára 1941-ben kerültem be. Három héttel a felvételi előtt elmentem rajzolni Gallé Tibor[44] és Erdei Viktor[45] rajziskolájába. Nagyon jó tanárok voltak, egyáltalán nem szemellenzősök. Főleg zsidó fiatalok jártak oda, akiket a numerus clausus miatt nem vettek fel a főiskolára. A főiskola ugyan jobb próbált lenni ilyen szempontból, mint a többi intézmény, de nem tudta teljesen kikerülni a zsidótörvényeket. Németes hangzású nevem miatt nagyszülőkig menően igazolnom kellett, hogy árja vagyok.

---

43 *A gimnáziumig nemigen volt barátom, de ott lett két ikerlány, még a nevükre is emlékszem, Zalai Alíz és Alexa. Mindig szerettem volna ikertestvért, néha fiút, néha lányt, s bennük megtaláltam. A Sophianumban barátkoztam össze Kohner Zsófival, akiről csak nemrég tudtam meg, hogy Farkas István [1887–1944] festő feleségének az unokahúga volt. Egyszer Farkast is láttam: rendkívül elegáns, jóképű úriember volt, aki egy olyan Bugattival vitte haza Zsófit, aminek nem volt párja Budapesten. Emlékszem, többször meghívtak Kohnerékhez, és rengeteg finomsággal traktáltak. Tizenöt éves koromban, egy iskolai kirándulás alkalmával elvittek minket, serdülő lányokat egy napra Egerbe. Felejthetetlen emléket őrzök erről, amihez hozzájárulhatott az is, hogy életemben először voltam – legalábbis fogyasztóként – vendéglőben, és főleg, hogy ebédre minden gyerek kapott egy majdnem teli pohár egri bikavért. A többiek hozzá se nyúltak, én viszont annál inkább... Hát nekem olyan jó kedvem lett, hogy Eger bűvöletesnek tűnt. De lehet, hogy enélkül is az lett volna... Egerben volt egy camera obscura, mozgatható periszkóppal, nem tudom, megvan-e még. Az a periszkóp, amely egy asztalra vetítette a várost, nekem valóságos csoda volt, életemben először és utoljára láttam ehhez hasonlót. A találóan elnevezett Varázstoronyból mindent lehetett követni, ami lent történt. Azt is, ami jó volt, azt is, amit talán nem illett volna. Azóta se felejtettem el, nagyon sokszor eszembe jutott. Nem tudom, hány osztálytársam emlékezhet még erre, talán egy sem. Jó lenne megkérdezni őket, de valószínűleg már mind meghalt.*

44 Gallé Tibor (1896–1944): festő.

45 Erdei Viktor (1879–1945): grafikus és festő.

Reigl Judit édesanyjával, 1941   Reigl Judit évfolyamtársával Visegrádon, 1942

A felvételi vizsgán Fiedler Ferenc[46] ült egyik oldalamon, Dávid Teréz[47] a másikon. Mind a kettőtől átvettem valamit, ami érdekelt, élelmes voltam, de mindig őszinte. A briliáns technikájú Fiedlert rögtön felvették. François Fiedler néven lett ismert Franciaországban. Dávid Terézzel – akit családja Ticának becézett, amit ő azután Tissának írt – rögtön összebarátkoztunk, és amikor két év múlva átment a rajzfilm-akadémiára, továbbra is naponta láttuk egymást. Haláláig tartó barátság fűzött hozzá, ami hetvenegy évet jelent.

---

46 Fiedler Ferenc (François Fiedler) (1921–2001): magyar származású francia festő.
47 Dávid Teréz (Tissa David) (1921–2012): magyar származású amerikai rajzfilmanimátor. *Még főiskolás korunkban rajzoltam egy portrét Tissáról. Nagyon picit szebbnek sikerült, mint amilyen az életben volt. A szeme viszont tényleg olyan szép volt, mint amilyennek rajzoltam. Tissa egy olyan katolikus családból származott, ahol úgy hittek, mint ahogy egy asztalról lehet tudni, hogy asztal. Tissa természetében volt valami kifinomult perverzió, de neveltetése által ez nagyon el lett benne nyomva. Sohasem láttam hozzá hasonlót. Hihetetlen emlékkép: kinyitotta a szekrényét; az ajtón két olyan fénykép volt, amelyeket nem lehet együvé tenni. Az egyik Greta Garbo, a másik Jézus szíve. Meg sem tudtam szólalni. A vallásosság egyszerre megbénította és megmentette. Tissa egész életében ugyanabba a férfiba volt szerelmes, egy lengyel menekültbe, aki velünk járt a főiskolára. Az terjedt el, hogy meghalt a háborúban, és Tissa legtöbb ismerősének mindhalálig így is mesélte el. Valójában évtizedekig hitegette Tissát, aki még nekem sem mondta el a teljes igazságot, amit talán sose tudott, vagy tudott, de nem hitt el. Komplikált a történet: többek közt az is kiderült az imádottjáról, hogy felesége és gyerekei vannak Magyarországon. Tissa nekem úgy mesélte el, mint egy álmot, mondtam neki, ez nem álom. Amikor végül is felfogta, lelkileg belepusztult.*

AMIKOR megkaptam az értesítést, hogy felvettek a főiskolára, bementem, és mondtam a titkárnőnek, hogy Szőnyi Istvánnál[48] szeretnék tanulni, azt felelte: „Maga oda mehet, ahova akar, a felvételi bizottság mind az öt tagjának szavazatát megkapta." Tanárom, Szőnyi tulajdonképpen nem tanított, csak felügyelt a munkámra. Soha semmit nem javított, csak megbírálta a képet. Nagyon jól. A lényegébe nem szólt bele. Szőnyi mindennap jött bírálni. Egy alkalommal, még az évfolyam elején, rajzoltam a modelleket, mint a többiek, de nem voltam megelégedve a rajzaimmal, és mind eldobtam. Átmentem a freskóműterembe, hoztam freskókartont, és a modelleket életnagyságában rajzoltam le. Másnap bejött Szőnyi. Nézte, nézte… Gondoltam, mi lesz ebből? Megállt, mélyet lélegzett – kihasználta ezt a színházi oldalát a dolognak –, és azt mondta: „Nagy fába vágta a fejszéjét – hatásszünet –, de sikerrel." Olyan boldog voltam, Szőnyinek egy ilyen kritikája felért egy királysággal. Olyan titokzatosan kezdődött, és még egy kicsit rá is játszott arra, hogy nehezen kapott levegőt, mert csak fél tüdeje volt: nem kellett hozzá színésznek lennie.

VALAHOGY sehova sem tartoztam, mióta édesapám meghalt, de a főiskolán sok barátom lett. Ahány fényképem megmaradt főiskolás koromból, egy dologban mind megegyeznek: barátaimmal, Böhm Lipóttal,[49] Zugor Sándorral,[50] Bíró Antallal[51] – valamint Tissa Daviddal, majd később Hantai Simonnal és feleségével, Bíró Zsuzsával[52] – mindig közel állunk egymáshoz, mintha egy szoborcsoportot alkotnánk, több test, de majdnemhogy közös sziluett. Annak idején mindenki Böhm Lipótot – becenevén Poldit – tartotta a legtehetségesebbnek közülünk. Úgy tudott rajzolni, mint Matisse,[53] vagy talán jobban. Jól emlékszem arra a gyönyörű portréra, amelyet Poldi festett gépgyári előmunkás apjáról. Zugor

---

48 Szőnyi István (1894–1960): festő.
49 Böhm Lipót (Poldi) (1916–1995): festő.
50 Zugor Sándor (1923–2002): magyar származású amerikai festő.
51 Bíró Antal (1907–1990): magyar származású francia festő.
52 Bíró (Hantai) Zsuzsa (1925–): magyar származású francia festő. *Hantai Simon részben Zsuzsának köszönheti a karrierjét, aki Párizsban divatlapoknak dolgozott mint illusztrátor, hogy eltartsa, és otthon is ő csinált mindent. Simon végig úgy kezelte Zsuzsát, akiből pedig kitűnő művész válhatott volna, mint egy cselédet. De Zsuzsát, aki szerelmes volt, ez egy cseppet sem zavarta.*
53 Henri Matisse (1869–1954): francia festő.

Sándor, aki szintén remekül rajzolt, megismerkedésünk első napjától fogva vigyázott rám, őrködött fölöttem, és úgy gondoskodott rólam, mint egy apa. Saját apja szobafestő volt, de iszákos, aki nem dolgozott soha, és ezért mindig nagyon szegények voltak. A nálunk idősebb Bíró Antal törvénytelen gyerek volt, nem tudta, ki az apja. Tizenkét vagy tizenhárom éves korában rábíztak egy csordát, hogy vigye el a vágóhídra, de nem kapott semmi útravalót. Útközben megfejte a teheneket, és azt a tejet itta, meg lopott egy-két cső kukoricát – azután, mondhatnám, meg sem állt Párizsig. Antalnak jó humorérzéke volt, de visszafogottabb volt, mint Poldi, aki úgy nevettetett mindenkit, mint egy udvari bolond. Sándorról már csak azért is nehezebb bármit mondani, mert ritkán szólalt meg. Barátaim elveszett zsenik voltak, proletár származásúak, majdnem analfabéták, de a főiskolára úgynevezett „piros indexszel" felvették azokat is, akiknek semmi komoly iskolájuk nem volt, csak hat elemi. Akik leérettségiztek, azok mentek a tanár szakra, és akiknek nem volt érettségijük, azok lettek művészek. Hantai Simon volt a kivétel: egyszerű parasztszülei mindent rááldoztak, ő minden iskolát kijárt, majd nagy műveltségű és igazán kiváló, elismert művész vált belőle. Ha Simon megjelent valahol, nem lehetett nem odafigyelni rá. Különös felépítésű, kislányos törzsével, rózsaszín fenekével megdöbbentő, faunszerű, mészároshoz illő kéz és láb párosult. Simon, aki rendkívül választékos szavaival mindent és annak az ellenkezőjét is be tudta bizonyítani, akkoriban nagyon büszke volt arra, hogy a két kezével egyszerre két különböző képet tudott festeni.

AMIKOR Poldi megfestette fő művét, az *Utolsó vacsorá*t, mindenkit belefestett, Bíró Antal, Zugor Sándor, Hantai Simon és én is rajta vagyunk mint tanítványok. Ezután sokáig „apostoloknak" hívtak minket. A képen Poldi maga volt Krisztus, de tagadta, mindig azt mondta: „ez az anyám". Az anyja gyönyörű nő volt; Poldi púpos volt, de hasonlított a mamájára. Mindannyian évekig saját magunkat és egymást festettük, bármi is volt a téma. Volt egy *Próféták* című sorozatom – barátaim és önmagam mint próféták. Amikor megfestettem Jákob harcát az angyallal, Antal volt Jákob, én voltam az angyal.

NAPONTA látogattam a Szépművészeti Múzeumot.[54] Ha meggondolom, tizenéves koromban már egy voltam a mesterséggel, mindent láttam és kipróbáltam. Néhány társunk a Zeneakadémián is tanult, elkezdtem velük hangversenyre és operába járni. Gyakran elszöktünk az unalmas délutáni órákról próbákra és előadásokra. Esténként, mivel mind nagyon szegények voltunk, néha csak úgy összeverődtünk, vettünk valami rossz bort, és énekeltünk. Én voltam a legvadabb a társaságban. Ha kocsmáztunk – leggyakrabban a Kis Piszkos sörözőbe jártunk –, még az asztalon is táncoltam, amit a fiúk csodálkozva néztek. Szépnek tartottak – Tissa állítása szerint mind az összes fiú, mind az összes lány szerelmes volt belém –, de ez engem inkább zavart, mert gyakran zaklattak emiatt. Ha már erről van szó, én inkább a lányokat nézegettem volna, de hát annak idején Budapesten tisztes társaságban ilyesmi szóba se jöhetett, helyesebben az ilyesmihez nagyon be kellett rúgni.

SZIKORA Antal,[55] első komoly szerelmem – a harmadik Antal életemben – a freskóosztályon volt tanársegéd; nagyon imponált nekem, hogy ő már majdnem tanár. Akkoriban több időt töltöttem a freskóosztályon az Epreskertben, mint az Andrássy úti műteremben, ahova járnom kellett volna. De ami számomra csak egy évig tartott, számára sajnos tovább, és tragédiával végződött: amikor behívták katonának, olyan vakmerő tettet követett el a román fronton, hogy az akár öngyilkosságnak is tekinthető. Kirohant

---

54 Ha az ember fiatal művész, nagyon erősen benne maradnak az ilyen élmények. Ötvenéves kor után már nem lehet ilyen frissen és szűziesen viszonyulni a képekhez. Magyarországon nem volt sok jó kép, de például a Keresztelő Szent János prédikációja [1566] gyönyörű volt. Egy életre megszerettem Brueghelt, az a festmény úgy belém ivódott, ha rágondolok, mintha kinyitnék egy könyvet, úgy látom. És a híres Goya, egy női figura, korsót tartott, fehér blúz volt rajta. És persze Greco, akit elmondhatatlanul csodálok.

55 Szikora Antal (1916–1944): festő. *Költői lelkületű, de veszedelmesen pesszimista és sebezhető ember volt, aki egyáltalán nem bízott magában. Egyszer készített egy nagy freskótervet, ahol profilból ábrázolva én voltam a kereszt mellett álló Mária Magdolna. Szikorát kihívták valahova, én pedig úgy éreztem, hogy ki kell javítanom az arcot; bejött, és kétségbeesett, mert érezte, hogy mennyivel jobb lett. Egyszer, amikor Tissától megkérdeztem, hogy egytől tízig milyen számra értékelne bennünket kapcsolatunkban, ránk nézett, és azzal a szóviccel felelt, hogy „Judit fél". Szikora erre azt mondta: „Akkor én kétharmad vagyok." Tulajdonképpen egy előző tragédia miatt ábrándultam ki a fiúból. Együtt jöttünk ki a főiskoláról, amikor összetalálkoztunk a volt barátnőjével, aki közölte velünk, hogy nem bírja elviselni, olyan üdvözült arccal néztük egymást. Szikora azt mondta neki, hogy én vagyok az igazi. Szegény lány öngyilkos lett, méghozzá nikotinnal, rettenetes kínok közt halt meg.*

a lövészárokból, ellőtték mind a két lábát, ebbe a sebesülésbe belehalt. Ami az én lelkemen szárad: tudtam, hogy még mindig nagyon szerelmes, írt nekem, én meg nem bírtam válaszolni, mert tudtam, hogy képtelen lennék azt írni neki, amit szeretne. Olyan „végzet asszonya" voltam, aki korántsem akart az lenni. Volt bennem, nem is tudom, mi – egyfajta hivatástudat, csak az érdekelt, ami a mesterség, a festészet. Szabad akartam lenni, és csak festeni akartam. Férjhez mehettem volna, de az lett volna a legrosszabb dolog, ami a világon történhetett volna velem. Volt egy fiatal festőnövendék, aki folyton feleségül akart venni: Saly Németh László.[56] Kedves fiú volt, nagyon jól rajzolt, de én nem szerettem, se mint művészt, se mint férfit. Kicsit faragatlanul viselkedett. A szegedi Vinkler László[57] szintén belém szeretett, és az első főiskolai év után el akart venni feleségül. Egyetlen gyerek volt, gazdag, és még jó festő is, hihetetlenül precíz realista. Néha kritizáltam, amit festett, ő meg boldogan elviselte. Elmondtam neki, hogy szerepelt egy üldözéses álmomban: többekkel együtt rohant utánam egy lépcsőházban, és amikor visszafordultam, láttam, hogy az egyik szeme vérzik. Ez azért érdekes, mert egy évre rá Vinkler egy lépcsőházi baleset következtében a bal szemére megvakult. Elvitt a barátjához, Szondi Lipóthoz, akinek elmeséltem az egész álmot, amelyet 1943 nyarán álmodtam, amikor még nem is tudhattam, hogy majd elhagyom Magyarországot. Menekültem üldözőim elől, futottam, mint az őrült, egy sötét alagsorban. Nagy, széles lépcsőházba érkeztem, majd felrohanva, egy korláthoz értem, valahogy átkerültem rajta – ez lehetett a határ –, tudtam, hogy oda már nem jut át senki. Egy négyszögletes teremben találtam magam, amelynek közepén egy szintén négyszögletes, fehér vásznon három – kék, vörös, sárga színű – domború korongot láttam, mindegyik közepén fekete szkarabeusz. Azzal végződött, hogy elkezdtem festeni. Szondi ezt nagyon érdekesnek találta. Kiterítette elém az egész kofferját, de végül is azt mondta: „Magát nehéz tesztelni, az összes szadista fényképét gondolkodás nélkül kidobta."

1942 nyarán elutaztunk Erdélybe, Szovátára anyámmal. Festettem egypár képet, később a Vogézekben találtam hasonló tájat. Nem túl messze onnan, Csík megyében volt az egyik bátyám katonatiszt, talán zászlós, ott

---

56 Saly Németh László (1920–2001): festő.
57 Vinkler László (1912–1980): festő.

Jákob és az angyal, 2016

Reigl Judit Szovátán, 1942

lovagoltam életemben először. Mintha lóra termettem volna, azt mondták: "Maga már lovagolt." Szerettem sportolni, rengeteget gyalogoltam, úsztam, eveztem – a Holt-Duna-ágban –, bicikliztem. Csak a tenisz nem ment. Az ember tizenkilenc évesen nem fárad el soha. A Duna-partról átfutottam Pestre, azután a Ferdinánd hídon be a főiskolára és vissza, néha naponta négyszer. Barátaimmal sokat kirándultunk. Szeptemberben, októberben a Balaton gyönyörű. Tihany akkor még olyan vad volt, mint Arizona vagy Mexikó. Emlékszem, Tihanyban hét kilométert kellett gyalogolni, hogy kenyeret és tejet vegyünk, mást nem is igen lehetett. Nem volt hol aludnunk. Megkértük a bencés apátságot, hogy engedjenek be bennünket, de a gaz papok nem fogadtak be minket, fiatal festőket, pedig nálunk volt az indexünk, hogy diákok vagyunk. Botrányt kellett volna csapni. Az istálló előtt sepregetett az állatok gondozója, és azt mondta: "Aludjanak a szalmán, a pajtában." Ilyen volt Magyarországon az egyház és a kereszténység. Ehhez képest sokkal rokonszenvesebbnek tűntek a keleti vallások és a hindu filozófia, amelyekkel, legalábbis felületesen, egy Indiából Budapestre került jógi ismerősöm, Szelvarádzsan Jeszudián[58] ismertetett meg.

---

58   Szelvarádzsan Jeszudián (1916–1998): indiai származású jógatanító és író.

1943 nyarán egy hónapig az akkor éppen Magyarországhoz csatolt Felsőbalogon, a romantikusan omladozó Koháry-kastélyban működő művésztelepen voltunk. Nem kaptunk semmit, csak a lakhelyet. Hogy legyen mit ennünk, el kellett végezni a parasztokkal az összes kemény mezei munkát. De közben festeni is tudtunk. Felsőbalog gyönyörű hely volt. Úgy éltek a vidéki emberek, mint évszázadokkal azelőtt. Volt egy bakter, minden éjjel énekelt: „Kettőt ütött már az óra, hármat ütött már az óra, keljenek fel virradóra." Aratáskor hajnalban kellett felkelni. Olyan gyönyörű volt, éjjel megszólalt egy csodálatos bariton: „Dicsértessék a Teremtő, aratás lesz." Szeptembertől újra Budapesten festettünk az Akadémián, amely viszonylag védett szigetnek tűnt az egyre embertelenebb városban. De nem sokáig. 1944. március 19-én reggel a Ferenc József hídon mentem át Pestre. Egyszer csak láttam, hogy Wehrmacht-katonák vagy SS-ek motorbiciklin jöttek át a hídon. Bevonultak a németek. Meneteltek, ahogy csak a németek tudnak, ilyen tökéletes négyszögben. A tömeg éljenzett. Az emberek nagyon buták voltak, fasiszták voltak a lelkük mélyén. Én még így tanultam: „A magyaroknak a bátorság a hitvallásuk." Az élet nagyon megcáfolta. A főiskolán Simon volt az egyetlen, aki felszólalt a német megszállás ellen. Egy besúgó fel is jelentette, csoda volt, hogy nagyobb baj nélkül megúszta. Barátaimmal visszamentünk Felsőbalogra, ahová hirtelen elhatározással magunkkal vittük egy zsidó évfolyamtársnőnket, akit végig sikeresen bújtattunk. Ezúttal több mint fél évig maradtunk, ottlétünk idején készítettem legalább száz képet. Gyakran festettem bikákat, valahogy mindegyik jelen van abban a bizonyos vörös hold szemű ökörben Szent Lukács evangélista mellett, egyik első párizsi képemen. Éheztünk, de mindent kibír az ember, ha boldog az élete, az enyém akkor az volt. Persze, ha zsidó lettem volna, nem így lett volna. Felsőbalogon minket csak annyiban érintett a háború, hogy néha hallottunk egy eltévedt bomba robbanását.

FELSŐBALOGON történt, hogy Bíró Antallal egy elhanyagolt kis tavon szinte darabjaira hulló csónakban akartunk átjutni a túlsó partra, ő evezett, én meg mertem a vizet a csónak aljából. A békák párzási ideje lehetett, mert életemben annyi párzó békát nem láttam. A kis kezükkel átfogták a párjukat, olyan furcsa hangot adtak ki, és utána meghaltak. Megdöbbentett a látvány, hát még amikor megláttuk a kis fickándozó ebihalakat – ez a fajta nyilván elevenszülő volt, és én arra gondoltam, hogy egyszerre látom

Reigl Judit és Bíró Antal egy szamárral Felsőbalogon, 1943

a halált meg az életet. Vagy húsz-harminc évvel később olvastam Hölderlinnél,[59] hogy „az élet halál, és a halál is élet".[60] Körülöttünk dúlt a háború. Ezrével jöttek az SS-ek, ahogy közeledett a front, a rengeteg lopott holmit fokozatosan elhagyták itt-ott. Be voltunk kerítve, a szó szoros értelmében is, amikor az SS-ek, megszállva a kastélyt, egyetlen szobába tereltek mindanynyiunkat. Azután egyszerűen kidobtak bennünket, teherautóra raktak, azután vagonba. A különben kétórás utazás hazafelé egy hétig tartott. Folyton meg kellett állnunk. Alig ettünk, csak nyers krumplink volt. Német katonákkal futottunk össze, szerencsére tudtunk velük cserélni, mert nekik voltak konzervjeik, mi meg adtunk krumplit, talán még hagymát is. Nem volt veszélytelen, de kiderült, hogy olyan vagonba szálltunk fel, aminek az oldalán az a felirat állt: tábori színészek, ami illett is ránk.

ÚJRA Budapesten voltunk. Kis ideig a Collegium Marianumban laktunk, apácáknál, majd december végén a Gellérthegyre kerültünk, Tissa rokonainak elhagyott villájába, amelyre vigyáznunk kellett. Nem

---

59   Friedrich Hölderlin (1770–1843): német költő.
60   Az idézet Hölderlin *Csodás kékségben (In lieblicher Bläue)* (1808) című verséből való („Leben ist Tod/Und Tod ist auch ein Leben").

27. 2018. aug 4 vR.

Földműves (Holbein: Haláltánc), 2018

tudtunk fűteni, az ablakok ki voltak törve. Csomagolópapírokat olajba mártottam, azokat tettem az üveg helyére, nagyon szép lett. Végül találtam egy kályhát. Rossz körülmények között vészeltünk át rettenetes időket. Az első szürrealista kompozíció, amit láttam, az nem festve, hanem szétbombázva volt. Ahogy minden reggel gyalogoltam a főiskola felé, el kellett mennem a Kálvin téri Danubius-kút mellett. Egy reggel az éjszakai bombatámadás után egy De Chirico[61]-képben találtam magam, mielőtt még valódi képeit ismertem volna. A szökőkút najádjai tönkrementek, és így is szépnek találtam őket. Amikor a hidakat felrobbantották a németek, a Margit híd roncsai tele voltak hullákkal, a villamosból derékig lógtak ki a testek. Amíg az ostrom tartott, gyakran gondoltam arra, hogy Pompejiben vagyok.

A NYILASOK olyanok voltak, mint a vadállatok. Lövöldöztek, és rugdosták az embereket. Akkoriban több barátom is majdnem odaveszett. Sándort már korábban elvitték munkaszolgálatra. Székely Pétert[62] csak a lélekjelenléte mentette meg. Amikor vitték a többiekkel, hirtelen kifordította a kabátját, és akkor nem látszott a sárga csillag, kilépett a sorból. Egy nap pár lépésre voltunk az új Szent István negyedtől, amikor lövöldözést hallottunk. Azt állították, hogy valaki kilőtt egy ablakból. Erre az egész házat kiirtották. Engem egy nyilas suhanc majdnem lelőtt, mert amikor vitték el a zsidókat, egy szegény öregasszonynak leesett a batyuja, és segítettem neki. Tömegsírokat is láttam, például a gettó területén. Már az ostrom után, a Klauzál téren suhancok ásták ki a zsidó halottakat. Nagy szelet zsíros kenyeret ettek közben. Engem ezek a kontrasztok mindig megdöbbentettek. Zabálták a zsíros kenyeret, és olyan nyugodtan nézték a holttesteket, mintha moziban lennének.

A JÉG a befagyott Dunán olyan vastag volt azon a télen, hogy még az orosz tankokat is elbírta. Láttam egy század, úgymond ellenséges, orosz katonát parádézva menetelni a körúton, miközben Budán még tartottak a harcok. Úgy meneteltek, mint egy emberi hullám, és olyan szívszaggatón énekeltek, hogy majdnem sírva fakadtam. Egyszerűen magával ragadott, muszáj

---

61 Giorgio de Chirico (1888–1978): olasz festő.
62 Székely Péter (Pierre Székely) (1923–2001): magyar származású francia szobrász.

Bíró Antal, Reigl Judit és Böhm Poldi évfolyam-
társaikkal a Képzőművészeti Főiskolán, 1945

Reigl Judit a felsőbalogi művésztelepen, 1944

volt elérzékenyülni. Félnem kellett volna tőlük, de én pont az ellenkezőjét éreztem. Egy csapat orosz katona a szomszéd villában szállt meg. Az első nap, amikor kimentem az udvarra, egy katona megeresztett felém egy figyelmeztető géppisztolysorozatot. Azután kaptunk tőlük konzerveket, és összebarátkoztunk néhánnyal, akik csodával határos módon megmentettek minket, amikor egy szakasz ismeretlen katona berontott hozzánk, hogy elvigyenek „malenkij robotra", ami Szibériát is jelenthette volna. Voltak közöttük, akik hozzáértően nézegették a rajzainkat, mások meg a parkettán tüzet raktak. Megfestettem első jó vásznamat, a *Vízözön*t. Minden benne volt a képben, a nácik, az oroszok, az ostrom. *Le déluge* – az összeomlás: romok között az emberek kúszva-úszva mennek, menekülnek.

A FŐISKOLA 1945-ben, talán májusban vagy júniusban nyitott ki. Mindjárt bementünk, és dolgoztunk. Csontváry[63] műveit restaurálták éppen, amiben segédkeztünk, amennyire engedték, de tanítás nem volt, rövid ideig a velünk egykorú kollégák helyettesítették a tanárokat, szóval mindent megoldottunk valahogy. Hagyták, hogy dolgozzunk. Azok még

---

63 Csontváry Kosztka Tivadar (1853–1919): festő.

szabad idők voltak, de nem sokkal utána már kellemetlen szelek kezdtek fújdogálni. Kiakasztottuk Csontváry festményeit a folyosókra. Új tanáraink azt mondták erre: „Őrült festő bolond rajongói." A nyarat Tiszaladányban töltöttük, a művésztelepen. Mindennap lementünk a folyóhoz fürödni. Sokáig kellett Poldinak könyörögni, hogy vetkőzzön le, gyönyörű bőre volt, de szégyellte a púpját. Végül is levetkőzött, és láttam, hogy körül van metélve. Akkor jöttem rá, hogy Poldi zsidó, és hogy milyen nagy színésznek kellett lennie ahhoz, hogy túlélje a vészkorszakot.

1946-BAN azután már indultunk Olaszországba. Ami azt jelentette, hogy olasz vízum nélkül indultunk el, és Bécsben vártuk az okmányainkat. Félhivatalos ösztöndíjunk volt a Római Akadémiára, amire a pénzt a tanáraink adták össze. Októbertől a Bécsi Magyar Akadémián laktunk, ahol enni nem adtak. Ez volt az évszázad leghidegebb tele Európában. Nyári ruhában voltam, mert Budapestről úgy indultunk el, hogy napokon belül Rómában leszünk. Egy jótét lélek adott mindenféle meleg holmit, de akkor is életem egyik leborzasztóbb ideje volt bécsi tartózkodásom, amit két dolog határozott meg: fáztunk, és nem volt meleg ételünk. Hallottam, hogy Bécs most gyönyörű világváros, de én a legrosszabbnak ismertem meg. Tulajdonképpen nem működött még semmi. Minden látnivaló a Burgban volt. A múzeumokat hamar kezdték fűteni, mindennap mentem. Tizenkét Brueghelt[64] láttam egyszerre, Bosch,[65] Correggio,[66] Rubens[67]... Beengedtek az Albertinába is, a kezembe vehettem, lapozhattam finoman a kódexeket. Közelről láthattunk kínai, indiai miniatűröket, olyan volt ez nekünk, mint egy lucullusi lakoma. Akkoriban nem gondoltam, hogy egy festményem majd egyszer odakerül, pedig akár gondolhattam is volna. Összeismerkedtem Fritz Wotrubával,[68] aki a szárnyai alá vett, és elintézte, hogy Bécs városa megvásárolja két festményemet. Elég sok pénzt kaptam a képeimért, és így legalább a lehetősége megvolt annak, hogy ételhez jussunk, ami így sem volt könnyű, mert a boltokban majdnem mindent csak jegyre adtak.

---

64   Id. Pieter Brueghel (1525 körül–1569): flamand festő.
65   Hieronymus Bosch (1450 körül–1516): németalföldi festő.
66   Antonio da Correggio (1489–1534): olasz festő.
67   Peter Paul Rubens (1577–1640): flamand festő.
68   Fritz Wotruba (1907–1975): osztrák szobrász.

Vízözön, 2018

Böhm Lipót, Reigl Judit, Bíró Antal, Hantai Simon és egy ismeretlen a Képzőművészeti Főiskola ifjúsági körének kiállításán, a Mafirt Krónika 15. részének egy képkockáján, 1945. december

ELHATÁROZTUK, hogy nem várjuk ki, amíg vízumot adnak, hanem átszökünk az osztrák–olasz határon. Elmentünk az én nagyon szeretett Ottó öcsémhez. Ő az angol hadseregnek dolgozott, közel az olasz határhoz, de régi magyar tiszt barátai mind átvedlettek csempésznek. Villachnál akartunk átszökni a határon, az ő segítségükkel. Azt hittük, velük gyorsan fog menni, főleg, hogy Sándor öccse is közéjük tartozott. Innsbruckban le kellett szállni, mivel iszonyatos gyomorgörcseim voltak. A kórházban azonnal meg akartak operálni, azt mondták, vakbélgyulladás lehet. Antal fölajánlotta, hogy megvárnak, majd karikatúrákat rajzolnak, amíg meg nem gyógyulok. Nem hagytam, hogy hozzám nyúljanak, de azután még hét hónapon keresztül szenvedtem. Az Inn partján laktunk, gyönyörűek voltak a házak, viszont éjjelente mínusz huszonnyolc fok volt. Ottó életében először és utoljára lopott, hogy fel tudjunk melegedni: elment az angolokhoz, hozott egy zsák szenet a hátán, kockáztatta a munkáját az idegen hadseregben. Két hétig ott vergődtünk, de túl hideg volt ahhoz, hogy átjussunk a hegyeken, ezért visszamentünk Bécsbe, ázva, fázva, teljesen letörve. Az oroszok majdnem leszállítottak a vonatról, de végül is sikerült elintéznem, hogy békén hagyjanak: adtam húsz dollárt, és akkor továbbengedtek minket. Ezzel minden pénzem elúszott.

Amikor Bécsbe ért a vonat, Sándor azt mondta: még egyszer bemegyek a konzulátusra, hátha megjött a vízumunk. Mondtam neki, ne menj sehova, hazamegyünk. Nem hallgatott rám, elindult. Egy óra múlva jött vissza, arcán feledhetetlen mosollyal: megvolt a vízumunk.

„VÁGYAM, akaratom semmi, most úgy érzem, semmi betölteni az űrt, hiszen a minden is csak beteljesült semmi." Rómában írtam, huszonkét évesen. A Római Magyar Akadémia új igazgatójának, Kardos Tibornak[69] köszönhetően 1946 végétől kezdve magyar művészek – írók, költők, zenészek, festők – ösztöndíjat kaptak az Akadémiára, köztük mi is. Csodás helyen lakhattunk, de ami kis pénzt kaptunk – hatezer líra, vagyis majdnemhogy nulla volt az ösztöndíjunk egy hónapra –, azt rögtön festőanyagokra költöttük. Hogy mit együnk, az nem volt gond: záráskor kimentünk a piacra a Campo de' Fiorin, és vagy kaptunk a kofáktól finomnál finomabb maradékokat, vagy összeszedtük az eldobált zöldséget, gyümölcsöt. Rómában nekem mindennél érdekesebbnek tűnt a Campo de' Fiori, az emberek szépek voltak, öröm volt rajzolni, festeni őket. Festettem egy *Campo de' Fiori*t,[70] tele emberekkel, két pap, gyerekek, kutya a szökőkútnál. Első római képem, alig tíz napja lehettem Rómában, amikor megfestettem. Valódiak a házak, de mindent átrendeztem a kompozíció szempontjából; van egy átjáró, amit arrébb toltam... Kisebb csalásokkal a hangulat igazi lett. A művészi igazság a lényeget adja, ami sose a precizitás; a részletek összetömörödnek, és olyanok lesznek az ember kezében, mint a gyerekében az építőkockák. Volt néhány piaci sátor, azokat ugyanúgy helyeztem el. Először Kardost is odafestettem, olyan kövéren, amilyen volt, de végül is egy fiatal nő lett belőle. Én is rajta vagyok a képen, barátaimmal.

A CAMPO DE' FIORI akkor még egyetlen vendéglőjének teraszán gyakran láttam egy kis öregasszonyt. Egy Quarto Vino Rossót rendelt, szép lassan iszogatta. Ott ült egyedül vagy másfél órát, azután hazament lefeküdni. Az öregasszonynak nem volt semmije, de gyönyörű volt, tetőtől talpig feketében, nagy lila sállal, körülötte a színes házak: okker,

---

69 Kardos Tibor (1908–1973): irodalomtörténész.
70 *Campo de' Fiori,* 1947.

rózsaszín. Ott látni a kép bal oldalán. A Campo de' Fiori azután megváltozott; a piac azóta is megvan, de a közönség akkor még a valódi volt, főleg helybeliek, és a legszegényebb társadalmi körökből került ki mindenki. A mindennapi élet olyan volt, mint Rossellini[71] és Fellini[72] filmjeiben. Egyszer svéd barátaim elvittek egy bordélyházba, a Campo de' Fiori mellett. Jól emlékszem, hogy a kasszában egy hatalmas, kövér asszony ült, kivágott ruhában és óriási kereszttel a nyakában, játszhatott volna Fellini *Rómá*jának bordélyjelenetében. Hiába voltam férfiruhában, mint mindig, a madám gyanút fogott: odajött hozzám, és megfogta a nadrágomat, hogy mi van benne – mondanom sem kell, szó nélkül kidobtak. A bordélyt szöges háznak hívtuk, nagy, fényesre csiszolódott szögek voltak a kapun és talán a falakon is. A szoborfülkében Madonna-szobor; mentek a bakák, mielőtt betértek, gyertyát gyújtottak, hogy sikerüljön, ha sikerült, még egyet, amikor kijöttek, ha nem sikerült, akkor nem.

BARÁTAIMMAL autóstoppal jártuk be Olaszországot. Sose volt pontos úti célunk, arra mentünk, amerre az autó, amelyik éppen megállt nekünk. Teraszokon rajzoltunk, azzal kerestünk valamit.[73] Egész nap utaztunk. Késő éjjel, amikor a városban voltunk és rajzolhattunk, már csak a bordélyok voltak nyitva. Akármerre jártunk, a kurvák lettek a leghálásabb klienseink és legjobb kritikusaink: tényleg értékelték a rajzainkat. Én portrét rajzoltam, Antal meg karikatúrákat, mivel Párizsban – ahová először tizenhat éves korában jutott ki – abból élt, hogy kávéházakban karikatúrákat rajzolt. Nem tanult rajzolni, de valakit látott a Dôme-ban rajzolni, és azt utánozta. A rajzoló el akarta dobni, amit rossznak talált, erre Antal megvette fillérekért, elment egy másik kávéházba, megnézte, hogy kihez hasonlít a rajz a legjobban, kicsit átrajzolta, és annak eladta. Poldi semmit se csinált, de ő volt az első, aki, ahogy pénzhez jutottunk, költött. Főúri allűrjei voltak: vett egy csirkecombot, majd két harapás után eldobta. Sándor volt köztünk a hallgatag, de ez alatt a két év alatt bármikor ettünk, akkor megszólalt: „De jól élünk!" Amire Poldi mindig rávágta: „Túl jól élünk." „Kitűnően élünk" – fűzte hozzá minden alkalommal

---

71 Roberto Rossellini (1906–1977): olasz filmrendező.
72 Federico Fellini (1920–1993): olasz filmrendező.
73 *Lerajzoltam a nyolcéves „kis karmestert", Roberto Benzit* [1937–]. *Az édesanyja – aki menedzselte – kért meg rá egy vidéki városban. A portré meg is jelent egy helyi újságban.*

Campo de' Fiori, 2019

Antal. Valóban királyi módon tudtunk élni a semmiből, és ebben Antalnál, a tapasztalt vagy született vándornál aligha lehetett volna jobb mesterünk. Tönkrement a cipőm, erre Antal megtanított szandált készíteni. Elmentünk egy régimódi cipészboltba, és vettünk bőrt. Vágtam rajta három lyukat, hasítottam két szíjat, és befűztem. Abban jártam két évig minden időben, télen-nyáron, mint a régi rómaiak. Templomokban vagy szabad ég alatt, padokon, asztalokon aludtunk. Vagy lefeküdtünk a meleg homokba. Ugyanúgy voltam öltözve, bárhova mentem: egy hosszúnadrág, felgyűrve, és egy ing. Egy váltás ruha, ami mindig tiszta volt, mert én reggelente kimostam mindent, amit hordtam. Felakasztottam egy fára, és fél óra múlva megszáradt. Így csak Olaszországban lehet utazni.

EGYIK legnagyobb élményem az arezzói Szent Ferenc-bazilika volt Piero della Francesca[74] freskóival. Nem messze, Toscanában láttuk Piero della Francesca másik rendkívüli művét, a *Madonna del Partó*t.[75] A festményen ki van vágva a gyönyörű fiatal lány ruhája, úgy néz ki, mintha utána varrták volna össze az illendőség kedvéért. Firenzében első éjjel az Arno mellett, a rakparton aludtunk, és úgy ébredtünk, hogy tíz centi mocskos víz volt rajtunk. Antal és Sándor tele lett kelevénnyel, de orvosról szó sem lehetett. Fantasztikus élmény volt Masacciótól[76] az *Adógaras*[77] a Santa Maria del Carminében. A jobb oldalon Szent Péter odaadja a garast az adószedőnek, a bal oldalon Szent Péter kiveszi a halat a tóból, középen az apostolok a szép sudár Jézussal; gyönyörű, szerethető az arca, nem úgy, mint a legtöbb festményen. Firenzében van egy Giotto-freskó, amit tökéletesen elrontottak, rettenetes, ahogy valaki belekontárkodott. Nem viccelek, Szent Ferenc szvingel; egy kövér, szvingelő pap lett belőle. Micsoda gazságok történtek restaurálás címén. Firenze borzasztó tudott lenni. Ötven fokban az emberek eldőltek az utcán. Firenze szürke, viszont Bologna gyönyörű, minden ház piros, vörös. Éjjel érkeztünk Bolognába, ahol át akartunk szállni a velencei vonatra, ami csak reggel indult, hétkor vagy nyolckor. Nem volt elég pénzünk, hogy megszálljunk akár a legvacakabb szállodában. Ott álldogáltunk, töprengtünk. Már senki sem járt

---

74   Piero della Francesca (1415 körül–1492): olasz festő.
75   *Madonna del Parto,* 1460.
76   Masaccio (1401–1428): olasz festő.
77   *Pagamento del tributo,* 1425.

Zugor Sándor, Reigl Ottó, Reigl Judit és Böhm Lipót, Firenze, 1948

az utcán, de pont akkor zárták a bordélyokat. Jöttek a csodás, fiatal nők, egyik a másik után, mégpedig mindenkori legjobb klienseink, a kurvák. Mind megálltak mellettünk, ilyen kedves, érdeklődő fajta, nagyon rendes, becsületes, egyszerű, szép emberek. Lerajzoltuk őket, ők meg annyit fizettek, hogy minden zsebünk tele lett, azután adtak még. Fáradtak, álmosak voltunk. Reggel tizenegy óra tájban ők ébresztettek fel a kávéház teraszán. Elszalasztottuk a csatlakozást, megint mindenkit lerajzoltunk, annyi pénzt kaptunk, hogy már nem is fért a zsebünkbe. Nagyon boldogok voltak, hogy le lettek rajzolva, és örültek, hogy mi meg majd egy hétig ihatjuk a finom, meleg csokoládét.

RAVENNÁBAN már mindent kezdtek helyreállítani. Amikor először láttam a kikötőt, a halászhajók vitorlái összevissza voltak foltozva. Egy évre rá mindegyiken fehér vitorlák ragyogtak. Az első napokból megmaradt emlékeimben két utcai jelenet, amelyek annyira magukkal ragadtak rajzolás közben, hogy mind álmaimban, mind festményeimben fel-felbukkantak az évek során. Az egyik rajz még mindig megvan: egy zárt emeleti ablak mögül kitekintő, meghatározhatatlan korú, meztelen asszonyt ábrázol, aki messziről is rendkívül vonzó. A jelenet iskolapéldája volt annak, amikor a valóság utánozza a művészetet. A test lehetetlen tartása – az asszony se nem állt, se nem ült, hanem valami macskapózban könyökölhetett a belső párkányon vagy bútordarabon – és a rossz minőségű, valamint feltehetően piszkos ablaküveg fénytörése és tükröződése következtében a látvány olyannak tűnt, mint egy elnagyolt, absztraháló kompozíció. A rajzot nézve nem hinné el az ember, de pontosan azt rajzoltam, amit a két szememmel láttam. Amikor évekkel később a kritikusok értelmetlenül azt feszegették, hogy vajon figurális vagyok-e, vagy absztrakt, eszembe jutott ez a pillanat. A másik jelenetet napnyugtakor rajzoltam le, egy vagy két napra rá. Egy ház kapuja előtt állt egy megint csak meghatározhatatlan korú – ezúttal – férfi. Gyümölcskosarat cipelt, amit letett a földre, amíg előkereste a kapukulcsot. Kinyitotta az ajtót, ami mögötte látszott, olyan volt, mint a legsötétebb éjszaka: koromfekete űr. A férfi visszafordult, megdermedt, és sokáig csak nézett maga elé. Nem tudom, milyen hosszan állt ott, de elég sokáig ahhoz, hogy legalább két tucat rajzot készítsek. Lerajzolni egy emberi alakot egészen addig nem okozott semmilyen problémát. Itt is minden rendben ment, de a lábakat és az ajtóküszöböt nem tudtam összehozni. Egyik rajzot a másik után rontottam el. Akárhogy néztem, az alak egyszerre volt kint és bent, a küszöb előtt és mögött, de úgy, mintha közben fölötte lebegett volna. Vázlataimon viszont a küszöb mindig levágta az alak mindkét lábfejét. Ahogy ment le a nap, annál inkább egy általános sziluetté vált a korábban még egyedi férfitest, és rajzaimban valahogy összemosódott két, éppenhogy feltámasztott Lázár-figurával, amelyeket akkoriban láttam. Az első Lázárt egy freskón csodáltam meg egy római katakombában, egy hónappal azelőtt, a másodikat aznap délelőtt egy mozaikon, a Sant'Apollinare Nuovóban. Ez alkalommal is pontosan azt rajzoltam, amit láttam. Mások fényképezőgéppel járják a világot, én rajzolok. A probléma nem az én rajzképességemmel, hanem a valósággal volt, és valószínűleg a napnyugta furcsa fényviszonyai miatt vált nyilvánvalóvá előttem, éppen akkor. A problémát, ami hosszú évekig foglalkoztatott – ami nem is csoda, hiszen nem kisebb dologról, mint a gravitációról van szó –, végül is valamennyire sikerült megoldanom. Igaz, csak negyven évvel később – és négyszázötven évvel El Greco[78] földön lebegő, légben álló figurái után –, a *Szemben...*[79]-sorozatban (XVII. kép).

---

78 El Greco (1541–1614): görög származású spanyol festő.
79 *Face à...*, 1988–1990.

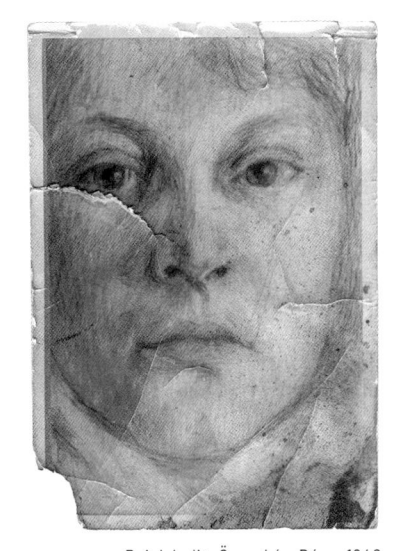

Betty Anderson, 1947   Reigl Judit: Önarckép. Bécs, 1946

RAVENNÁBAN találkoztam Betty Andersonnal,[80] aki kisebb-nagyobb kihagyásokkal 2007-es haláláig a társam volt mindenben: mondhatom, hogy ő volt életem értelme. Bettyn kívül, vagy Betty mellett, három szenvedélyem volt az életben: a festés, a gombászat – amely legalább akkora öröm lehet, mint a festés – és a fosszíliák. Miután Betty meghalt, csak a festészet maradt. Első szerelmemet, Szikorát nagyon szerettem, de különben én mindig is a nők iránt érdeklődtem igazán, vagy érdeklődtem volna, de mielőtt Bettyt megismertem, ez sosem volt kölcsönös. Huszonnégy éves koromig nagyon is nő voltam, csak férfiakkal volt dolgom, de már éreztem, hogy ez így nem megy. Betty volt az egyetlen igaz szerelmem. A San Vitaléban ismerkedtünk meg, ahová, mint majdnem mindenhová, a három cimborával, Bíró Antallal, Böhm Poldival és Zugor Sándorral mentem el. Mi voltunk egy csoportban az egyik oldalon; a másik oldalon megláttunk egy angol lánycsoportot. Volt köztük egy nagyon szép lány, Betty. Néztük a mozaikokat, néztük egymást, egyikünk fölött Theodóra,[81] a másikunk fölött Justinianus.[82] Pont olyan gyönyörűnek láthattuk egymást, mint amilyennek a

---

80 Betty Anderson (1918–2007): angol szobrász.
81 Theodóra (500 körül–548): bizánci császárné, I. Iusztinianosz felesége.
82 Justinianus (I. Iusztinianosz) (483–565): bizánci császár.

ragyogó császári párt. A fiúk is rögtön kiszúrták Bettyt. Antal azt kérdezte: „Szedjük fel a lányokat?" Azt feleltem boldogan, hogy: „Persze!" Mind az enyém lehetett volna, de csak egy kellett. Amikor megkérdezték, hogy odamehetnek-e, nem tudták, hogy nekem hozzák. Betty mosolya vagy elveszejtett, vagy megnyertem a főnyereményt. Hihetetlen szerencsém volt: Betty rögtön otthagyta a többieket, és minden további nélkül velem maradt.

ANTAL, Poldi és Sándor továbbutazott, mi pedig Bettyvel Ravennában kószáltunk, amíg a fiúk vissza nem jöttek néhány hét múlva. Ravenna provincia – mint egész Emilia-Romagna – kommunistának számított, ezért a helyi adminisztrátorok különösen szimpatizáltak velünk. Nagy szeretettel fogadtak bennünket: amikor megtudták, hogy magyar művészek vagyunk, rögtön elkönyvelték, hogy kommunisták is. Magyar diákigazolványunk láttán adtak nekünk egy halászkunyhót Ravenna mellett, méghozzá abban a fenyőerdőben, ahol Dante[83] leereszkedett a pokolba. Azt kérték a fiúktól, hogy rajzoljanak propagandaképeket. Megcsináltam, mert Sándor se, Poldi se volt képes rá. Még festettem is néhány kommunista vezetőt. Érdekes lenne most látni mindezt, de nem maradt meg semmi. Két és fél hónapig abban a halászkunyhóban laktunk, amit tőlük kaptam. Vendéglátóink néha eljöttek, hoztak egy kosárnyi pici halat. Ha egyáltalán nem maradt egy fillérünk se, autóstoppal bementünk Ravennába, és rajzoltunk. A bazilikában a restaurátorok örültek nekünk, mi voltunk az első idegen látogatók, ráadásul magyarok. Életem egyik legnagyobb élménye: megengedték, hogy felmenjünk az állványokra, és nézhessük, ahogy dolgoznak a mozaikokon. Egy nagy marék mozaikkövet, színes üveget, valamint még igazi aranylapot is kaptunk, amelyeket, gondolom, már nem lehetett használni. Később, amikor Bettyvel elutaztunk Velencéből, nagyon fáradt volt, a vonaton felmászott a csomagtartóba, és elaludt. Én is szerettem volna aludni lent. Egyszer csak hallom: tak, tak, tak... Valami potyogott rám – Betty a kincset érő ravennai köveket a zsebében felejtette, az összes rám hullott.

PADOVÁBA már csak Giotto *Utolsó ítélete*[84] miatt is érdemes elmenni: kirobbanó erő, csodálatos, de nem vonzó. Lefeküdtünk a kőpadlóra, ami

---

83   Dante Alighieri (1265–1321): olasz költő, filozófus.
84   *Il giudizio universale*, 1306.

Via Dolorosa (Levétel a keresztről), 2019

nagyon kellemes volt, és hanyatt fekve néztük a plafont. Az egyik sarokban egy angyal van, aki felcsavarja a világmindenséget, mint egy pergamentekercset. Az egyik freskón az angyalok furcsán sírnak: a nevetést meg a sírást festeni mindig nehéz. Egy lélek nem volt rajtunk kívül, nem tudom, miért, talán ünnep volt. Feküdtünk a földön, és bámultunk felfelé. Azt gondoltam: itt vagyok az angyalok között, ördögfióka létemre. A színekre máig is emlékszem. Volt egy múzeum a kápolna mellett, és ahogy kijöttünk, ott ült egy öregasszony, frissen sült sütőtököt árult. Milyen finom volt! Tíz líra volt egy óriási adag. Sienában egyszer éjjel az apácáknál aludtunk. Az apácák egész éjjel huncutkodtak, csilingelő hangon énekeltek. Igazi tivornyát rendeztek, szaladgáltak, nevetgéltek, szép fiatal lányok voltak, élvezettel gyönyörködtem bennük. Másnap ugyanezek az apácák hivatalos meghívottakkal táncoltak valami ünnepi rendezvényen. Olyan világiasat még nem láttam, mint amit ott. Éjjel titokban a meztelen erotika, nappal pedig a rendruhás, főkötős álarcosbál. Ez is, az is szép volt, se durva, se *déplacé*.[85] Mintha Boccacciót[86] játszották volna. Ehhez képest semmiség volt látni, hogy Pompejiben valamikor pénisz mutatta az utat. 1947-ben még nem volt nyilvános az a terem, a gyönyörű freskóval, ahol a szeretkezés harminchárom fajtája látható, de nekünk megengedte az őr, hogy megnézzük. Úgy jöttem-mentem abban az időben, amikor még csak kevesen tudtak utazni, hogy egy-két ember meggyanúsított, hogy kém vagyok. Ami igaz is, kémkedem a jó festészet után. Hát találtam is. Olyan freskókat fedeztem fel régi sekrestyékben, amelyeket a kutya se ismert. Akkor még rengeteg helyszín érintetlen volt. Rómában találtam egy Julius Caesar[87]-szobrot. Carrarai márvány volt, az orra le volt törve, de ettől még szebb lett. Eladtam, hogy Betty haza tudjon menni. Tízezer lírát kértem érte, mert annyiba került a vonatjegy. Amikor a vevő kifizette, kikapta a kezemből, mint egy karvaly, és elfutott. Sokkal többet érhetett, de mint általában a Reiglek, minden üzleti tevékenységben a magam legnagyobb ellensége voltam.

A RÓMAI Magyar Akadémián jó barátságba kerültünk Pilinszky Jánossal.[88] El se kellett olvasni a verseit, elég volt a szemébe nézni, első látásra

---

85 „Helytelen", „illetlen", „bántó", „ízetlen" (francia).
86 Giovanni Boccaccio (1313–1375): olasz író, költő.
87 Caius Julius Caesar (Kr. e. 100–44): római császár.
88 Pilinszky János (1921–1981): költő.

nyilvánvaló volt, hogy költő. Pilinszky nagyon szép volt és törékeny, földöntúli, olyan, mint egy angyal. Emlékeimben olyan is, mintha repülne Róma fölött: a szobája előtt volt egy keskeny terasz, nagyon alacsony párkánnyal, a legszélére állt, és úgy nézte a várost. Éjszakákat beszélgettünk át Pilinszkyvel, helyesebben, mi hallgattuk, ahogy ő beszélt. Pilinszky megértette és tudatosította bennünk azt a világvégét, amit a háború alatt átéltünk. Valószínűleg szavai hatására rajzoltam le magamat és barátaimat mint az Apokalipszis lovasait, amit később meg is festettem Párizsban, és ami talán legsikerültebb képem lett. Sándor barátom lerajzolta Pilinszkyt, én, a legnagyobb sajnálatomra, nem. Amikor Pilinszky visszautazott Budapestre, nekiajándékoztam egyik festményemet, amely még Tiszaladányban készült, 1945 nyarán, és amelyet azért választhatott, mert apró pálcikafiguraként barátaimmal mindannyian rajta voltunk.[89]

1948 elején Cerami herceg[90] meghívta Cataniába a Római Magyar Akadémia művészeit egy két hétig tartó ünnepségre, amelyet a szabadságharc századik évfordulója alkalmából rendeztek. Úgy fogadtak bennünket, mintha mi is hercegek lettünk volna. Végül három és fél hónapig maradtunk. Szicília akkor még olyan volt, mintha Afrikában lenne az ember. Üres földút, sehol senki, azután jön egy árus, egyenesen a középkorból, szamárral vagy öszvérrel, az állat két oldalán kosárral. Szép szicíliai emlékeimet még szebbé tette a herceg kedvessége. Szinte rongyos ruhában

---

89   *Szintén velünk volt Weöres Sándor* [1913–1989] – *gnómszerű, nagy fejű, csodálatos költő. Ottlik Gézától* [1921–1990], *akit mindenki kedvelt, két könyvet kaptam. Kis ideig velünk volt Kerényi Károly* [1897–1973], *aki állandó városvezetést tartott a többieknek, mintha kötelessége lett volna, de engem végtelenül untatott, hiába tudott mindenről mindent. Kerényi klasszika-filológus volt, tudatosan játszott a szép kezével. Szapphó verseit ő adta a kezembe. Lukács György* [1885–1971] *is ott tartózkodott, akkor még ereje teljében. Halála előtt láttam Lukácsot a televízióban. Az valami megdöbbentő, hihetetlen volt. Teste tiszta roncs volt, de tökéletes maradt az agya. Még intelligensen elmondta, amit hirdetett, tanított, de úgy látszik, van egy pont, ahol a test nem bírja tovább, teljesen reménytelenül visszasüllyed egy ilyen alig emberi állapotba. Gyakran eszembe jut mostanában. A zenészek közül emlékszem a hegedűművész Szervánszky Péterre* [1913–1985]. *Szervánszkyt már Bécsben megismertem, nagyon jó barátom lett; a Római Akadémiáról minden este együtt mentünk mulatni. Nagyon jókat nevettünk, mindenre pont úgy reagált, mint én. Esténként játszott nekünk, éjjel kettőig. Sokat hallgattuk, ahogy gyakorolt, főleg Bachot. Néha el is aludtunk; álomban is jól lehet érzékelni a zenét. Fent volt a zeneterem a teraszon, ahonnan jól lehetett látni egész Rómát. Volt velünk egy zongoraművész, Szegedi Ernő* [1911–1992]; *gyakran játszott, és neki köszönhetem, hogy Schützöt felfedeztem, aki egyik kedvencem lett, valamint Gesualdót.*
90   Domenico Ruggero Rosso (XII Principe di Cerami) (1907–1972).

Csoportkép a Római Magyar Akadémia művészeiről, Róma, 1948

érkeztünk, de Szicíliában egy estére mi voltunk az urak. Keleti szokás szerint a házigazda szolgálta ki azt, akit nagyon meg akar tisztelni. Sose felejtem el, amikor nyitották az ajtót, majd a herceg átvette a tálat... Ez olyan volt, mint egy álom. Gondolom, nem mindenkivel bánt így, de mi, fiatal festők megbecsült vendégek lehettünk számára. Egyik nap majdnem éhen haltam Rómában, másik nap hercegnő voltam Cataniában. Szerencsénk volt, úgy dédelgettek, mint még soha életemben. Ott is maradhattunk volna. Hivatalosan nem a festészet, hanem Garibaldi[91] Magyarországhoz fűződő kapcsolata miatt ünnepeltek minket, de így is több kiállítást szerveztek nekünk. Vásároltak is tőlünk képeket, ami nekünk égi ajándék volt. Emlékszem, hogy vettem magamnak egy tűzoltónadrágot, ami olyan erős volt, hogy nem lehetett elnyűni, és egy olyan erős inget, hogy azóta is megvan.

ÉLT ott abban az időben egy nagyon híres bandita, Giuliano,[92] akit a herceg ottlétünk idején többször is meghívott magához. Elvittek minket egy bandita temetésére. A legfájdalmasabb hangú siratóasszony-kórus

---

91 Giuseppe Garibaldi (1807–1882): olasz tábornok, szabadságharcos.
92 Salvatore Giuliano (1922–1950): legendás szicíliai bandita.

Sant'Agata, 2018

jajveszékelt a ravatal körül – fültépő hangzavar, hamisítatlan Szicília, ógörög tragédia, olasz operával keverve. Cerami herceg megmutatta nekünk a titkos Cataniát. Lebombázott vagy különben is omladozó házak között vezetett, és minden utcasarkon vártunk, amíg nem intettek, hogy mehetünk tovább. Szintén a herceg vitt el minket arra a hatalmas körmenetre, amelyet február ötödikén, Szent Ágota, Szicília egyik védőszentjének napján tartanak. Én, mint mindig, felgyűrt hosszúnadrágban voltam. Mindenki ferde szemmel nézett rám, de Cerami hercegnek nagyon tetszett, hogy nadrágban mentem a körmenetre, és külön odajött hozzám gratulálni: „Hogy mert ilyet csinálni, igazán úttörő!" Attól féltem, hogy kitiltanak, ő pedig meg volt hatva. Amikor megláttam, mit visznek körbe, azt hittem, álmodom. Az ünneplő tömeg közepén, egy menetelő fúvószenekar kíséretében, egy hatalmas, hordozható emelvényen, amely a szent szobrának emelvényét követte, egy süteményből készült, legalább kétméteres női mellet láttam tornyosulni, amiben az volt a legfantasztikusabb, hogy amikor a tömeg nekilódult, úgy remegett az egész, mint egy valódi, nagy méretű mell. Cataniai Szent Ágota úgy lett vértanú, hogy megkínozták, levágták a mellét. A hagyományos szicíliai édességnek, a cassatának ezért van mell formája. Cassatát enni, amit Szent Ágota mellének, *minne di Sant'Agatá*nak is neveznek, tulajdonképpen hitvallás, de az élethűség kedvéért a szokásos recepthez ezúttal pudingport is adagolhattak. Amikor vége lett a körmenetnek, a süteménymellet egy hatalmas karddal darabokra vágták, és szétosztották a szegények között. Ilyen elképesztően pogány szertartás csak Szicíliában lehetséges. Emlékszem, hogy falták a remegő mellszeleteket... Tiszta erotika, hihetetlenül perverz.

MICSODA gyönyörűség ez a Szicília! A herceg ismert egy múzeumigazgatót, akinek a felesége egy olyan fontos magyar történelmi személyiségnek volt a leszármazottja, aki száz évvel azelőtt került oda Garibaldival. Óriási nagy villájuk volt, egy bizánci várral szemben, rögtön a tengerparton, az Aci Trezza-öbölben, tíz kilométerre Cataniától. Egy egész életre szóló ajándék volt, hogy odaadták nekünk egy hónapra a gyönyörű villát. Kozmikusan együtt éltünk a világegyetemmel. Szemben jött fel a nap a mélyfekete égen, a mélyfekete tengerből. Soha életemben ilyet nem láttam: koromfekete ég, és a nap minden sugárzás nélkül ereszkedett fel, mint egy izzó vasgolyó. Az ég és a tenger teljesen fekete volt, a nap meg teljesen csodálatos mélyvörös. Mintha nem lett volna levegő. Sose felejtem el azt a vérvörös napot, a koromfekete eget, noha az én három társam észre sem vette ezt, pedig jó festők voltak. A *Tömbírás*[93]-sorozat (V. kép) abból az élményből származhat, ahogy ott először láttam a tenger tömegéből kiemelkedni a napot, három hatalmas, vörös-lila sziklával az előtérben. Amikor festettem ezeket a képeket, úgy dobáltam a festéktömböket, mint a Teremtő az őselemeket, vagy Polüphémosz a sziklákat, ugyanis Homérosz szerint a megvakított küklopsz az előttünk meredező sziklákkal dobálta Odüsszeusz hajóját, hogy elsüllyessze. Azokban a mitológiai barlangokban egyszemű óriások helyén már emberek laktak, de még továbbra is a homéroszi birkákkal. Reggelente a gyerekek kihajtották a nyájat. Bámultak minket, és azt kiabálták nekem, hogy: „uomoodonna", „férfi vagy nő?". Éjjel csak mi voltunk a házban, meg talán az egerek. Beutaztuk Szicíliát. Egy este, amikor nem volt hol aludnunk, láttunk lent a völgyben egy elhagyatottnak tűnő kolostort. Lementünk, találtunk egy pátriárkát, aki valahogy ott felejtődött még a háború előtről. Nem látott jól, engem fiúnak hitt, mert nadrágban voltam, és rögtön fűrészeltem neki fát. „Jöjjenek csak, és maradjanak!" – mondta. A toronyban laktunk, de csak addig, amíg a paraszt, aki az ennivalót hozta a pátriárkának a városból, így nem köszönt nekem: *Oh, buongiorno, signorina.*[94]

MIUTÁN visszamentünk Rómába, Betty is megérkezett, legnagyobb meglepetésemre Sherlyvel. Az ötvenhét év, amit Bettyvel éltem, mozgalmas volt. Némelyik apokrif Mária „elsőszülött fiát", a *Biblia* meg „Jézust és testvéreit" említi. Betty ez utóbbiak közé illett volna. Rengeteg barátja volt, mondhatnám követői, tanítványai. Sherlyt, aki hét vagy nyolc évvel volt nála fiatalabb, nyugodtan nevezhetnénk Betty első tanítványának. Tizennyolc éves korában természetes narancsszín haja volt, a szeme pedig világos, zöldeskék. Ilyet még nem is láttam, rögtön lefestettem. Volt egy kis összehajtható sapkája, amit zsebre lehetett tenni. Nem tudtam volna vele élni, engem idegesített, mert mindig az volt az érzésem – talán Bettynek mondtam is –, reggel felhúzzák, és vigyáznia kell minden lépésére, mert csak addig mozog, amíg le nem jár, és akkor megáll. Ez nagyon

---

93 *Écriture en masse,* 1956–1966.
94 „Jó napot, kisasszony!" (olasz)

Böhm Lipót, Bíró Antal, Zugor Sándor
és Reigl Judit Szicíliában, 1948

Hantai Simon és Reigl Judit hajósokkal
Velencében, 1948

gonosz dolog volt tőlem, de nagyon találó. Eljött oda, ahol éppen voltunk, és leült. Órákig tudott mozdulatlanul ülni a napon; vörös lett, mint a rák, de nem lett semmi baja. Van egy második századi római dombormű, már keresztény, a Palazzo Massimo alle Termében, amin kőből vagy márványból faragva Jézus prédikál, talán a hegyi beszédet mondja. Jézus úgy van ábrázolva, mint egy modern, olasz fiatalember, csak tógában, tanítványai meg ülnek körülötte, és megbabonázva bámulják. Követői ugyanígy vették körül Bettyt. Sherly, majd később a többiek, mindig pontosan úgy tartották a fejüket, mint a tanítványok azon a domborművön. Így jönnek össze a dolgok emlékeimben.

RÓMÁBAN hozzánk csatlakoztak Hantaiék, valamint megjelent Ottó öcsém, az a fantasztikusan erős, leállíthatatlan, végtelenül jólelkű, finom ember. Megkértem Kardost, engedje be az Akadémiára. Ottó vett egy ócska minibuszt, rendbe hozta, és egy ideig azzal kirándultunk Olaszországban. Aranyéletünk addig tartott, amíg Kardost haza nem rendelték. Bennünket rögtön kitettek az utcára, helyesebben kitettek volna, de mi esténként átmásztunk az épület négy méter magas kerítésén, és ott aludtunk. Látom magam, ahogy mászom a kerítésen a festőállvánnyal, a festékesdobozzal és egy képpel. A rács borotvaéles, aranyozott lándzsákban végződött. Mondtam is: „Ha meghalok, aranyéletem után legalább aranyhalálom lesz." Hajnalban föl kellett kelnünk, és járni a várost egész nap. Ösztöndíjunk már nem volt, viszont Rómában volt a legnehezebb pénzt keresni – mintha érvényben lett volna egy íratlan törvény az utcai portrék ellen. Portrékat Velencében volt a legjobb rajzolni, ott mindig találtunk gazdag angolokat vagy amerikaiakat, akik szórakozni akartak, és nem sajnálták a pénzt. Így aztán elindultunk Velence felé, portrét rajzolni, de főleg megnézni a biennálét. Újra átutaztunk Umbrián és Toscanán, és amint megérkeztünk – a pályaudvar a vízparton volt –, rögtön felültünk egy hajóra. Nem volt drága, pár fillér, egy órát, néha kettőt, de amikor lehetett, tovább is a hajón maradtunk... Néha meg egész nap ott üdültünk, és rajzolás helyett napoztunk. Legtöbbször a vaporettó ablakából néztem Velencét. Innen jönnek a színek, amiket azóta is használok: a házak színei a vaporettó ablakából nézve. A vaporettó szerencsére nagyon lassan megy. Életem egyik legkellemesebb emléke a csodálatos Casa Frollo, amelyet két elszegényedett, öreg arisztokrata birtokolt. A konzulátuson mondták nekik, hogy adjanak ki szobákat, abból meg lehet élni, ki is adták, nagyon olcsón, ott laktam Bettyvel. Odavittük Zsuzsát, Simont, Poldit, Antalt, Sándort, mindenkit. Az öreg arisztokraták nagyon rendesek voltak, gyönyörű kertjük volt a dózsepalotával szemben. Fölkeltem, és néztem a palotát, ahogy minden színben ragyogott, napkeltekor.

VELENCÉBE fiatalon kell menni. Huszonhárom-huszonnégy éves koromban rengeteg mindent láttam, a *Grimani Breviárium*tól a Marciana Könyvtárban Jackson Pollockig.[95] A velencei biennálét 1948-ban szervezték újjá, és abban az évben tényleg különlegesre sikerült. Ott láttam először Cézanne-t[96] és Picassót,[97] méghozzá mindkettőtől életmű-kiállítást. Személyes sértésnek vettem, hogy abban az évben Braque[98] kapta a biennálé nagydíját, nem Picasso. A görög pavilonban láthattam a New York-i Iskola Peggy Guggenheim[99] által bemutatott művészeit, de akkor nekem még Picasso is újnak számított. Viszont amikor később Párizsban láttam Kelly[100] néhány vásznát, majd Pollock, De Kooning[101] és Franz

---

95   Jackson Pollock (1912–1956): amerikai festő.
96   Paul Cézanne (1839–1906): francia festő.
97   Pablo Picasso (1881–1973): spanyol festő.
98   Georges Braque (1882–1963): francia festő.
99   Peggy Guggenheim (1898–1979): amerikai műgyűjtő.
100 Ellsworth Kelly (1923–2015): amerikai festő.
101 Willem de Kooning (1904–1997): holland származású amerikai festő.

Kline[102] képeit reprodukálva, már volt viszonyítási alapom. Amikor először próbáltam bejutni, nem akartak beengedni a dómba. Valami templomi szolga vagy udvarmester állt a San Marco előtt, régimódi ünnepi díszben, marsallbottal, félrecsapott Napóleon-kalapban, és az a pojáca azt merte mondani nekem: *Carnevale?* – mert fel volt tűrve a nadrágom térdig, és mint mindig, csupasz voltam térden alul, mivel télen-nyáron szandálban jártam. Rámutattam a kalapjára, és azt feleltem: *Sei la carnevale.* Kiesett a bot a kezéből. Megsemmisült, úgy eltűnt, mintha soha ott se lett volna. Nem messze, az Akadémia galériájában vannak Velence állandó csodái, egy sor Tiziano[103] és a legnagyobb csoda, Giorgione[104] *Vihar*a.[105] Csak úgy álltam a *Vihar* előtt, legalább egy órát. Nagyon szép volt a kerete is, zöld bársony háttéren. Annyira megrendített a kép, hogy még a háttér emléke is megmaradt bennem. Akkoriban nem volt pénzem reprodukciókat venni, ha megtetszett egy festmény vagy egy szobor, lerajzoltam. Szent Zénó szobra az oroszlánnal Assisiből azóta is megvan. De éppen akkor Zsuzsától meg Sándortól kaptam valami pénzt, és az utolsó fillléremen vettem egy kitűnő *Vihar*-reprodukciót, fekete-fehérben, amelyet rögtön elloptak. A *Vihar* annyira belém ivódott, hogy később a reprodukció valahogy nem is hiányzott, de akkor nagyon szomorú lettem. Azokban a napokban különben is szomorkodtam. Bettynek vissza kellett mennie Angliába, nekem pedig Magyarországra. Anyám beteg volt. Nevelőapám túlozva azt írta, hogy már feladták neki az utolsó kenetet; „betegek szentsége" – ma így hívják. Bettyt a San Marco téren, a harmadik század végi, porfír *Tetrarchák*[106]-szoborcsoport mellett állva láttam utoljára, nem sokkal az előtt, hogy felszálltam a Budapestre induló vonatra, nem gondolván, hogy két évig nem láthatom viszont.

AHOGY visszaérkeztem Budapestre, „lehullott" a vasfüggöny. Útlevelem bekérték egy adminisztrációs kifogással, és meg is tartották. Meglátott minket Szőnyi, azt kérdezte: „Miért jöttek vissza?" Volt egy kiállításunk, amikor visszaérkeztünk Rómából, de impresszionista, naturalista

---

102   Franz Kline (1910–1962): amerikai festő.
103   Tiziano Vecellio (1488/90–1576): olasz festő.
104   Giorgione da Castelfranco (1477/78–1510): olasz festő.
105   *Tempesta*, 1506–1508.
106   „Negyedes fejedelmek, társcsászárok" (görög).

stílusnak nevezték a plakáton, amit csináltunk. A Művészeti Alap felkért, hogy fessek a május elsejei felvonulásra plakátokat, részben orosz feliratokkal. Megcsináltam, mert fizettek érte. Később portrékat is kellett volna festenem az akkori vezetőkről; próbáltam, de az már nem ment. Megmondtam, hogy képtelen lennék ekkora seggfejeket lefesteni. Botrány lett belőle; nem ez volt az egyetlen. Amikor azt hangoztattam, hogy „nincsen nemzeti művészet, csak nemzetközi művészet van", a többiek háborogtak. Ha valami hasonló vitánk kerekedett, döntőbírónak ott volt főiskolai tanárunk, Varga Nándor Lajos,[107] mindig hozzá szaladtak a stréberek. Varga, az Úr szavait idézve *Az ember tragédiájá*ból, azt mondta: „Csak hódolat illet meg, nem bírálat." Ez nekem nagyon jólesett. Egy, a hadügyminisztérium által kiírt pályázatra kellett volna vidám, mulatozó tömeget festeni, „Felszabadulás" címmel. Amikor bemutattam a tervet, nem tetszett a bírálóbizottságnak. Azt kérdezte valaki: „Hol vannak a dicsőséges, felszabadító orosz katonák?" Mire azt feleltem: „Ott vannak civilben, táncolnak, mert a háborúnak már vége lett, most a felszabadulást ünnepeljük." Egy szép, fiatal, magas rangú tiszt felállt, és megkérdezte a többiektől: „Miért kellene a magyar honvédelmi múzeumban orosz katonákat mutogatni?" Ez a tiszt Sólyom László[108] volt, akit 1950-ben, koholt vádak alapján kivégeztek.

EGY nagy méretű freskó makettje lett volna a *Munkás-paraszt barátság*[109] (II. kép) című képem, amelyet a velencei *Tetrarchák* ihletésére festettem. Ahogy már említettem, amikor Bettytől búcsút kellett vennem

---

107 Varga Nándor Lajos (1895–1978): grafikus és festő. *Ha már a nem létező nemzeti művészetről van szó: a magyar festők közül nagyon szerettem Mednyánszky Lászlót* [1852–1919], *Paál Lászlót* [1846–1879], *Gulácsy Lajost* [1882–1932], *Farkas Istvánt. Festményeik mind álomszerűek, de érdekes módon, vagy talán pont ezért, mindegyikük képein mégis van valami a magyar valóságból. Szerettem Derkovits Gyulát* [1894–1934]. *Ő éhen halt szegény, mint ahogy nagy kedvencem, Csontváry is, akinek mindennap elmentem a lakása előtt, és megemeltem előtte képzeletbeli kalapomat. Egry József* [1883–1951] *nem tudott rajzolni, de amikor sikerült elkapnia a fényt, akkor nagyon jó tudott lenni. A magyarok általában inkább nagyon ügyes, mint jó festők voltak. Nagyon ügyesen tudnak utánozni. A modern stílusirányzatok magyar híveiből 1945-ben alapított budapesti Európai Iskola egyik kiállításán, amit a főiskolán rendeztek, szerepelt egy festményem. Bálint Endrét* [1914–1986] *éppen csak ismertem, tetszett neki a képem, azt mondta, ez itt a legjobb. A kiállításon nekem Lossonczy Tamás* [1904–2009] *vásznai tetszettek legjobban. Akinek nem sikerült Nyugatra mennie, valahogy művészileg is ott ragadt, pedig voltak igazi tehetségek.*
108 Sólyom László (1908–1950): altábornagy, posztumusz vezérezredes.
109 *Munkás-paraszt barátság*, 1948.

Velencében, e megkapó szoborcsoport mellett láttam őt utoljára. Kérésemre lerajzolta és elküldte, s vázlata alapján, rá emlékezve készítettem el a képet, amelyen az ábrázolt munkás és paraszt „császárok" mi vagyunk. Bettyt akarattal festettem hasonlóra, engem – mint mindig – nehezebb felismerni. A *Munkás-paraszt barátság*ot nem fogadták el. Kérdeztem tőlük: „Miért? Hiszen ott az egyiknek a kezében a csákány, a másik, a mezítlábas nyilván parasztember." Erre azt mondták, „mert nem szocialista realista". „Hát, talán azért nem – mondtam –, mert a szocialista realizmus szerintem nem más, mint a tizenkilencedik század második felének a müncheni iskolája, amit az oroszok és utánuk a magyarok sajnálatosan felmelegítettek." Szerencsére a kép megmaradt – a legjobban sikerült próbálkozásom az 1940-es évekből.

AMIKOR végképp eldöntöttem, hogy Magyarországon nem tudok sem élni, sem dolgozni, elkezdtem szervezni a szökésemet. Összehoztak valakivel, aki már néhány fiatalt kicsempészett, de úgy látszik, lebukott, vagy belátta, hogy nem megy tovább, mert amikor hozzám eljutott, bőrkabátot viselt; kivert fogait „wiplás" híddal pótolták. Rögtön sejtettem, hogy ez csak egy ÁVH-ügynök lehet. Kinéztem az ablakon, láttam a fekete kocsit a lefüggönyözött ablakokkal, akkor már bizonyos voltam benne. Ha meggondolom, az az ember a nyilasból lett ávós prototípusa volt. Tehát lemondtam, azzal az ürüggyel, hogy éppen meghívtak egy pályázatra, most nem érdekel a dolog. És még csak nem is kellett túl nagyot hazudnom, mivel valóban ki akartak küldeni három évre Moszkvába ösztöndíjjal, de én megmondtam, ahol Picasso, Matisse, Rubljov[110] meg az ikonok el vannak zárva, oda nem megyek. Nekem létkérdés volt eljönni Magyarországról. Nem számított a vasfüggöny, nem számítottak az aknák és a szögesdrót, mindenre el voltam szánva. Édesapám majdnem hét évig volt hadifogoly. Többször próbált megszökni, tőle örökölhettem ezt a hajlamot.

NYOLC nekifutás után a kilencedikre sikerült a szökés. Tissa dajkája egy osztrák határ melletti faluból származott, ahol az unokaöccse volt a helyi ávós. Megígérte, hogy megmutatja, hol tudunk átmenni a határon, azért, hogy ha netán megbukik a rendszer, és ő bíróság elé kerülne, akkor

---

110   Andrej Rubljov (1360/1370–1430): orosz ikonfestő.

majd mi tanúskodhatunk mellette. Erre nem került sor: 1956-ban a falusiak meglincselték. Ez az ember pontosan tudta, mikor és hol haladnak el a járőrök, és azt is, hol és hogyan tudunk átjutni az aknamezőn. Ez a leglehetetlenebbnek tűnő szakasz volt a legkönnyebb. Hozott egy hosszú létrát, amit a párhuzamosan elhelyezett szögesdrót-akadályokra fektetett, hogy átmászhassunk rajta. Visszahúzta a létrát, és már ott se volt. Néhány perc örökkévalóság a senki földjén.[111] Az ávós, aki átvitt bennünket, azt mondta: menjenek mindig csak balra, és elérkeznek oda, ahova kell. Tissa mindig másfelé akart menni. Útközben egyszer óriási sikoltást hallottunk, olyan ijesztő volt, de rájöttünk, hogy csak egy bagoly. Tissa megállt, nem akart továbbmenni, de én elindultam, és egy idő után jött ő is. A rendőrség előtt kötöttünk ki. Felmentünk az emeletre, hallottuk, hogy valaki horkol. Az illető felébredt, és ránk ordított, hogy *zurück!*[112] Ott aludtunk a hideg kövön, legalább egy órát. Jött egy rendőr, és felrugdosott bennünket. Azonnal levittek az alagsorba, ahol a villany automatikusan meggyulladt. Emeletes priccsek. Megszólalt valaki: „Jó estét, jó reggelt!" Menekültek voltak. Egyiknek a lábát ellőtték. Mindezek ellenére boldog voltam, nem tudtam volna otthon élni tovább.

HÁROM és fél hónapig tartott, míg elértünk a határtól Párizsig. Kalandos volt. Anyám mondta, hogy már gyerekkoromban túl merész, vakmerő voltam. Anyám nekem mindig azt mondta, „kisfiam", ezt írta a leveleiben is. Én mindig úgy írtam alá: „vándorló fiatok". Autóval, szekérrel, tejeskocsival, legtöbbször gyalog, de mindig mentünk Párizs felé. Soha nem volt semmi csomagunk, és végig veszélyben voltunk. Ha elkapnak, nemcsak Magyarországra visznek vissza, hanem Szibériába. De túléltünk mindent, és még boldogok is voltunk, noha Tissa időnként félt. Grazban, a menekülttáborban megismerkedtünk egy nagyon szép, félkarú fiúval. Ő előbb szabadult ki a táborból, és gyűjtött nekünk pénzt Németországban, amit elhozott Innsbruckba, azon vettünk vonatjegyet. Az osztrák határőrt is lefizettük. Csodaszerű segítség. Március tizedikén Svájc felé indultunk. Szakadékokon kellett átkelnünk, Tissának tériszonya volt. Befagyott

---

[111] Utalás Reigl Judit írására: „Temps vrai, temps legal". *Art Press International,* Paris, No 5, 1977.
[112] „Vissza!" (német)

folyóhoz értünk, hallottuk a rianás hangját. A híd közepén volt egy őrház, de az őrök délben elmentek ebédelni. Dél és kettő között át lehetett menni, a folyó jegén valahogy elvergődtünk. Beérkeztünk Svájcba. Az első benyomásom alapján azt mondtam Tissának, hogy ebben az országban nem maradunk, még a salátát is glédába állítják. Svájcban jóltartottak, de egy hét után behívtak. Kaptunk két űrlapot, amit ki kellett volna tölteni, mehettünk volna gyárba dolgozni, vagy takarítónőnek. Mondtam: „Ebből az országból nem kell semmi. Adjanak huszonnégy órát, kimegyek az országból, és soha nem jövök vissza."

VISSZADOBTAK Ausztriába. Átadtak az osztrák csendőröknek, akik meghívtak valami rossz vendéglőbe, majd elengedtek minket. Ide-oda vergődtünk: hét határon kellett átjutnunk Párizsig. A legrosszabb időben mentünk, egy év múlva könnyebb lett volna. Tissával a német–belga határon, Hergenrathnál, a zárdában vacsoráztunk, s reggel az erdőn át elindultunk. Két fegyveres határőr kiugrott, szinte a földből, azt hittem, szörnyethalok. Ott várakoztak egy gödörben, felszerelve telefonnal, mindennel. Elkaptak bennünket, és bevittek az őrsre. Nem nagyon tudtunk semmilyen nyelven, én azt kiáltottam: *c'est antihumain – inhumain*[113] helyett. Kihallgattak bennünket, és vissza akartak küldeni. Elmondták, merre kell menni, de éppen volt kint egy cseléd, aki szólt nekünk, hogy „ne arra, hanem amarra menjenek". Megint találkoztunk egy egyenruhás emberrel, de ő úgy tett, mintha nem látna bennünket, és így átjutottunk a határon. Viszont a francia határt már nem lehetett gyalogszerrel átlépni. Tissának voltak ismerősei vagy rokonai valahol Hollandiában, akik végül is tudtak segíteni rajtunk. Miután eljutottunk hozzájuk, vettek nekünk vonatjegyet, egészen Párizsig. Azt mondták, ha jön valaki, azt kell mondani: *rien*,[114] mert azt kérdik, van-e elvámolnivaló.

MEGÉRKEZTÜNK a Gare du Nord-ra. Elgyalogoltunk a Pigalle-ig, ahol jóbarátaim, Hantaiék vártak. Az utca összehányva és teleszórva használt óvszerekkel, az éjszaka maradványaival. Simon, aki 1948 óta itt élt,

---

113 „Ez embertelen" (francia).
114 „Semmi" (francia).

rögtön elvitt múzeumba, méghozzá az Orangerie-ba, ahol Monet[115] *Tavirózsák*ja[116] volt kiállítva. Nekem nem nagyon tetszett. Hamisak voltak a színek, mert Monet-nak már rossz volt a szeme. Mindenki csodálja, gyönyörködik benne. Senkinek nem mertem mondani, hogy nem tetszett igazán, meg is köveztek volna! A nagy francia festőt egy ilyen senki kis bevándorló hogy meri becsmérelni! Jobb, ha az ember először Párizsba megy, és csak utána Rómába. Róma után Párizs hihetetlenül mocskos. Rögtön elmentem megnézni az Arènes de Lutèce-t, mivel honvágyam volt, de nem Budapest, hanem Róma után. Érdekes rész az ötödik kerület. Csak Párizsban láttam ilyen urbanisztikai anarchiát. Mindjárt a legfontosabb épületek mellett, mint a Sorbonne és a Panthéon, ott volt a Contrescarpe tér a *clochard*-okkal,[117] akik olyan bűzt árasztottak, hogy alig lehetett arra menni. Párizs csak az első napokban volt nagy csalódás, később sokkal jobb lett. A népi kerületekben szerettem sétálni, ahol görögök vagy olaszok laktak, a tizenharmadik kerület volt ilyen. A boltosok, miközben árut rakodtak, saját nyelvükön énekeltek. Még egy működő malom is volt. Párizs éjjel a legszebb. Mindig szerettem sétálni az éjszakai Párizsban. Párizs fantasztikus, de a párizsiak blazírtok tudnak lenni. Mostanában többször is álmodtam, hogy bejárom az éjszakai, kihalt Párizst: órákig gyalogolok álmomban, és úgy kifáradok, hogy reggel valódi izomlázzal ébredek.

1950-TŐL újra együtt laktam Bettyvel a Montsouris park 45.-ben, három és fél méterszer négy méteres szobában, ahol egy díványon aludtunk. Egy balzaci figurától meg szenteskedő feleségétől vettük ki a lakást. Betty kapott állást, azután én is megtaláltam a módját, hogy pénzhez jussunk, kaptam egy ösztöndíjfélét, ami elég volt arra, hogy a lakbért kifizethessük. Annyira szűkösen éltünk, hogy kénytelen voltam szobafestést is vállalni. Tulajdonképpen takarítónőt kerestek, de inkább ezt választottam. Az első lakásban, amit kifestettem, korábban szenet tároltak. El kellett távolítani a koromfekete szénport, nagyon megküzdöttem vele. Húsz réteg tapétát húztam le, mintha csak történelemkönyvet lapozgattam volna

---

115 Claude Monet (1840–1926): francia festő.
116 *Les Nymphéas*, 1914–1926.
117 „Hajléktalan" (francia).

– későbbi *Guanó*-vászoaim folyamata, visszaforgatva. Megkaptam életem utolsó megrendelését: egy saint-germain-en-laye-i kúriában festettem egy freskót, rajz alapján. Füzetből kellett lemásolnom a rajzot, úgy-ahogy megcsináltam. Az épületet öreg tulajdonosnője a ferenceseknek ajándékozta. Évek múlva arra jártunk, romokban hevert a ház. Felismerve ifjúkorom bűnének színterét, boldogan konstatáltam, hogy megsemmisült.

OLASZORSZÁGBAN én beszéltem jobban olaszul, Párizsban Betty beszélt jobban franciául, ezért végül hosszú ideig németül beszéltünk, úgy volt a legnagyobb közös szókincsünk. Már egy éve itt voltunk, amikor el kellett határoznunk, hogy mától kezdve pedig franciául fogunk beszélni. Mikor Betty velem kezdett élni, a falnak több mint a felét odaadtam neki, hogy fessen. Ő azt mondta: te egy olyan motor vagy, ami mellett én nem tudok működni. Egyszer találtam is neki szobát, egy emelettel feljebb. De ott sem ment neki a festés. Nagyon jól tudott festeni, de nem volt igazi festő, még igazi szobrász se, amihez pedig igazán megvolt a tehetsége, és amit a lehető legjobb mesternél, jóbarátjánál, Henry Moore-nál[118] tanult. Betty nem erre született; volt benne egyfajta zsenialitás, de soha semmi ambíciója nem volt, szeretett így lebegni, ami nekem nagyon megfelelt. Nem szeretek eltervezni semmit. Az emberek mindig kérdezgetik egymást: mik a terveid? Hova mész nyaralni? Ilyen nincs. Szerencse, hogy Betty is ilyen volt, nem tervezgetett, nem erőszakoskodott, hogy most nyaralni kell. Csodálatos, hogy ez így működött nálunk, és nem maradt benne semmi keserűség, hogy én elnyomtam.

BETTYVEL minden nagyon jó volt, de kapcsolatunkat időnként megnehezítette teljesen értelmetlen féltékenysége. Egy kutyára, egy macskára is képes volt féltékenykedni. Egészen kellemetlen tudott lenni, ok nélkül. Betty különben is robbanékonyabb volt, mint én. Gyakran mondta: „Gyűlölöm ezeket az embereket." A féltékenység mindent meg tud ölni. Szegény Tissa, aki a szomszéd szobát bérelte, szenvedett ettől a legjobban, de kibírta. Tissa meg a mi lakásunk között áttörtem a falat, hogy átjárhassunk. A nyílást eltakartuk egyik oldalon képpel, a másikon meg függönnyel. Valaki felhívta rá a figyelmemet, hogy talán ez a titkos átjáró a

---

118 Henry Moore (1898–1986): angol szobrász.

Bejárat-kijárat eredete, mivel rögtön az egyik első vásznamon le is festettem. Könnyen lehet, de én semmit sem tervezek meg előre, csak teszem a dolgom. Úgy véstem ki a nyílást, hogy a padlótól felfelé harminc-negyven centi falat meghagytam. Mindenesetre erre az átjáróra úgy vigyáztam, mint a szemem fényére, ügyeltem, hogy mindig el legyen takarva. Évekkel később egyszer nyitva felejtettem a lakás ajtaját. Éppen átmentem a nyíláson, és még nem tettem vissza a képet, amikor a szentfazék betoppant. Ahogy meglátta, hogy megjelenek a falon, elájult. Mikor magához tért, nagy patáliát csapott, de valahogy lehiggadt, amikor megígértem, hogy befalaztatom. Így is lett. De végül mégis felmondtak nekünk. Az igazság az, hogy már korábban, amikor megtudtuk, hogy egy hullaház fölött lakunk, elhatároztuk, hogy elköltözünk, de nem lehetett mindjárt. Velünk szemben volt a kórház, berepültek hozzánk a nagy legyek.[119]

PÁRIZSI lakás-műtermemben, ahogy beköltöztünk, egyszerre három képet kezdtem el festeni. Mindhárom vászon korábbi vázlatok alapján született, és mindhárom valahogy egyszerre összegzi addigi életemet, és megjeleníti az újat. Csodálatos, barátaimmal és utazásokkal eltöltött olaszországi két évem van az *Autóstop Ferrara és Ravenna között*[120] című képembe sűrítve. Benne van minden út és minden épület és festmény – gyakran ugyanazon tájakat ábrázoló festmény –, amit közben láttunk. A képen Lorenzetti[121] dombjai és Duccio[122] fái között Poldi, Betty és én mint három Piero della Francesca-karakter, utazunk egy Giotto-trónszerű járgányon. Ha nem kifejezetten önarcképet festek, nem szeretek megjelenni személy szerint, és férfiként ábrázolom magam – de Bettyt könnyű felismerni gyönyörű, markáns szemöldökéről. Sikerült majdnem olyan ragyogóan szépnek megfesteni, amilyen volt, és ahogy emlékemben él.

---

119 Igazán borzasztó volt, ott volt a kanális patkányokkal, nálunk pedig gyakran egy kisgyerek bölcsőben, mivel a házunkban lakott a szobrász Sjöholm Ádám [1923–1999] – akit még a budapesti főiskoláról ismertem –, feleségével, Ágnessel, és gyermekeivel. Ádám festői svéd családból származott, állítólag a trónörökös rokona volt, az anyja műlovarnő. A famíliában hemzsegtek a rosszéletű nők, a törvénytelen gyerekek. Sokáig azt hittük, hogy csak kitalálta az egészet, de amikor a Sjöholm házaspárnak megszületett az első gyereke, Ádámnak alá kellett írnia a svéd követségen, hogy a fiú nem lesz trónkövetelő.
120 *Auto-stop entre Ferrare et Ravenne*, 1950.
121 Ambrogio Lorenzetti (1290 körül–1348): olasz festő.
122 Duccio di Buoninsegna (1255/1260–1319 körül): olasz festő.

NEM véletlen, hogy az *Evangélista*[123] (III. kép) című képem Szent Lukácsot, az írók és a festők védőszentjét ábrázolja. „A szüzet festő Szent Lukács" volt az egyik kötelező mestermű, amelyet egy festőtanoncnak meg kellett festenie, hogy befogadják a festők Szent Lukácsról elnevezett céhébe. Mivel a másik kötelező „remek" emberöltőkön keresztül egy önarckép kellett, hogy legyen, a vizsga leegyszerűsítésének érdekében Szent Lukács már a reneszánsz idején is gyakran önarckép volt. Úgy látszik, a festők már akkor is tudták, hogy így vagy úgy minden valamirevaló festmény egyszerre tükör és önarckép. Ráadásul az én evangélistám még önanalizáló is, nem kell pszichoanalitikusnak lenni ahhoz, hogy valaki rögtön megértse, mi van rajta, vagy hogy félreértse, mert valójában csak színek és formák vannak rajta, helyesebben a vásznon csakis festék van, semmi más. De a felszínt nézve: a Rubljov Szent Lukácsára utaló, ikonszerű kompozíció közepén felismerhetően én ülök a papír-vászon előtt, karjaim eggyé válva az üres lappal, jobb kezem egy vulvaszerű tollá válva, ami felé a bal kéz oly módon közeledik, hogy színtiszta *het*erotika, olyan *hommage à surréalisme*,[124] hogy bármelyik igazi szürrealista megirigyelhetné. Akkor még nem tudtam, de valahogy megérezhettem, hogy ezek lesznek az utolsó képeim, amelyeket ecsettel fogok festeni. 1951-től az ujjaimmal vagy saját készítésű, gyakran rögtönzött eszközökkel festettem. A képen Lukács evangélista jelképe, az ökör egy korai, még főiskolai, helyesebben művésztelepi, bikát ábrázoló vízfestményem változata, maga az evangélista pedig a főiskolai *Próféták*-sorozatom esszenciája. Az alak mögötti ablak viszont az átjárónyílás Tissa szobájába, a mi valóságos *Bejárat-kijárat*unk. 1950-ben Szent Lukácsot festeni már nem volt kötelező feladat, csak hagyomány – én viszont pontosan ezért festettem meg. A festők céhébe ezután se léptem vagy fogadtak volna be, de mindenesetre már nem kellett festőtanoncnak éreznem magam, mivel megfestettem Szent Lukács evangélista „remekemet".

LEGHÍRESEBB és leggyakrabban kiállított festményem lett az a szürrealistának mondott vászon, amelyet a három közül utoljára fejeztem be. A kép szerintem nem is szürrealista. Inkább azt mondanám, hogy engem

---

123   *Évangéliste*, 1950.
124   „Hódolat a szürrealizmusnak" (francia).

is ugyanazok a hatások értek, mint a szürrealistákat, kezdve Lautréamont-nal,[125] akinek egy verssorából kölcsönöztem a kép címét. A *Csillapíthatatlanul szomjazzák a végtelent*[126] című képemben (borítókép) jelen van Albrecht Dürer,[127] Hieronymus Bosch,[128] Francisco Goya,[129] Pablo Picasso,[130] mint egyetlen szürrealista, Max Ernst[131] és Henry Moore, mivel a jobb oldali lovas Moore egyik, 1940-ben készült *Óvóhely*[132]-rajzát idézi. Furcsa egybeesés, hogy Moore akkortájt öntötte bronzba ugyanazt a részletet, amelyet én festettem, és ami még érdekesebb: az eredeti *Óvóhely*-rajztól eltérően az én vásznamon is, és Moore bronzán is a szem feljebb, a sisak fölé kerül.[133] Így aztán majdnem az egész nyugati festészeti kánon keveredik szomszéd szobatársunk, Tissa David még 1940-ben rajzolt, nevető lovaival. Az első rajz, amit Tissától láttam – amikor megismertem a főiskolán – sugallta festményem ijesztően vigyorgó, apokaliptikus szörnyeteglovait, talán Ottó öcsém „gyí lovaival" együtt.

A *CSILLAPÍTHATATLANUL szomjazzák a végtelent* apokaliptikus kép, az összes borzasztó élményem benne van. De részleteiben nem is olyan borzasztó, néha majdnem vidámnak tűnnek ezek a lovak. A vászon egy 1947-es, Rómában készített rajz alapján készült, az eredeti rajz pedig valószínűleg, ahogy ezt már korábban is említettem, Pilinszkyvel folytatott éjszakai beszélgetéseink hatására. Emlékszem, ahogy mutattam Pilinszkynek a rajzot, amikor elkészült. Jó tíz évvel később *Utószó* című versében

---

125   Lautréamont (eredeti nevén: Isidore Lucien Ducasse, Comte de Lautréamont) (1846–1870): francia költő.
126   *Ils ont une soif insatiable de l'infini*, 1950. A kép címe egy Lautréamont-idézet nyomán született: „Ha este az ágyból hallod, hogy a kutyák vonítanak a mezőn, bújj a takaró alá, és ne űzz gúnyt belőlük: a végtelent szomjazzák csillapíthatatlanul, akárcsak te, akárcsak én és a többi sápadt, hosszú arcú emberfia." *Maldoror énekei (Les Chants de Maldoror)*, 1868–1869. Első ének, 8. Bognár Róbert fordítása.
127   Albrecht Dürer (1471–1528): német festő, grafikus; *Az Apokalipszis négy lovasa (Apokalyptische Reiter)*, 1498.
128   *Szent Antal megkísértése (Verzoeking van de heilige Antonius)*, 1501 körül; *A gyönyörök kertje (Tuin der lusten)*, 1480–1490.
129   Francisco José de Goya y Lucientes (1746–1828): spanyol festő, grafikus; *Capricciók (Los Caprichos)*, 1799; *Balgaságok (Los disparates)*, 1820-as évek.
130   Pablo Picasso: *Két futó nő a tengerparton (Deux femmes courant sur la plage)*, 1922.
131   Max Ernst (1891–1976): német festő, grafikus, szobrász; *A horda (La Horde)*, 1927; *A házi tűzhely angyala – a szürrealizmus diadala (L'ange du foyer – Le triomphe du surréalisme)*, 1937.
132   Henry Moore: *Óvóhely (Shelter)*, 1940.
133   Henry Moore: *Sisakfej, No. 1 (Helmet Head No. 1)*, 1950.

Pilinszky gyönyörűen írt apokaliptikus – ha mondhatom így – lovasainkról: „Szerettelek! Egy kiáltás, egy sóhaj, / egy menekülő felhő elfutóban. / S a lovasok zuhogó, sűrű trappban / megjönnek a csatakos virradatban."[134] Mostanában készült *Lovasok*[135] rajzaimmal tudatosan Pilinszky sorait idézem, alkalmanként egy-egy vázlatba sűrítve több mint hetven évet az életemből. A lovasok, mind a római rajzon, mind a párizsi vásznon és az új rajzokon, én és a barátaim vagyunk. A nagy különbség az első vázlat és a többi között az, hogy 1950-re már csak a képeken lehettünk együtt mind a négyen. Poldi és Sándor utánam akart szökni, de a határt se érte el. Éhesek voltak, rántottát kaptak egy tanyán egy parasztól, de mire hozzáfogtak volna, jöttek a rendőrök. Letartóztatták őket, és egy évet ültek a veszprémi börtönben. Antal akkor Svédországban élt, és csak az év végén jött vissza Párizsba. Mindenesetre földi halandók szelik az égboltot, nem a Harag, Háború, Éhínség és Halál. Reigl, Zugor, Böhm és Bíró, mi vagyunk *Az Apokalipszis négy lovasa*[136] (I. kép), együtt éjjel-nappal testileg, tíz éven keresztül – lelkileg mindörökké. Mi szomjazzuk csillapíthatatlanul a végtelent, mint Lautréamont. De ezt nem kell tudnia senkinek, ez maradjon titok.

HUSZONHÉT évesen festettem a *Csillapíthatatlanul szomjazzák a végtelent* című festményt. Ma néha azt gondolom, az a legjobb képem, nem tudom, hogy tovább tudtam-e menni valaha is? Sokáig ez volt az egyetlen festményem, amelyet több európai meg amerikai múzeum is kölcsönkért. Sajnos évekig úgy állították ki, hogy nem volt restaurálva. Amikor Breton falát rekonstruálták a Pompidouban, és újra láthattam, egy nap még javítottam is rajta egy kicsit, de jött egy teremőr, és rám kiabált, amikor észrevette, hogy festékpor van nálam. Furcsa módon ez volt életem egyetlen vászna, amelyet valaha is aprólékosan javítgattam. Egy teljes évre volt szükségem ehhez a képhez. 1950-re van datálva, de 1950–1951 lenne helyes, mivel újra és újra átfestettem, nem az egész képet, csak az alját. Húsztól huszonnégy éves koromig sokat küszködtem a horizonttal, itt is fontos volt, hogy jó legyen, mert különben az egész kép nem érne semmit. A lenti sávot, a horizontot nyolcszor próbáltam, kilencedikre sikerült. Úgy,

---

134 Pilinszky János: *Utószó,* 1950-es évek vége; megjelent: *Új írás,* 1962.
135 *Cavaliers,* 2018–2020.
136 *Quatre Cavaliers de l'Apocalypse,* 1947.

Az Apokalipszis négy lovasa, 2018

mint Magyarországról való szökésem. Tökéletes allegória. Az első változat posztkubista volt, és lassan lett belőle valami sivatagféle. Próbáltam hegyeket, tengert, mindent, amit lehetett: mezőket, dombokat, de semmilyen naturális vonatkozás nem volt jó. Valahogy szerves része maradt a figurális, pedig azt akartam, hogy absztrakt legyen. Végül is egy sivár pusztaság, valami túlvilági lapály maradt, sötét színű láb- vagy inkább patanyomokkal. A paták nyomai azért fontosak, mert így megvan az összeköttetés a lovakkal.

VÉGE volt a tanulóéveimnek, már ami az alapokat illeti, de még mindig volt mit tanulnom, helyesebben akkor kezdtem el igazán tanulni. Jóban voltunk René Drouinnel.[137] Ő fedezte fel Wolsot.[138] Jó szimatú, de ügyetlen kereskedő volt. Nála láttam először nemcsak nagy kedvencem Wols, hanem Max Ernst, Roberto Matta[139] és Jean Dubuffet,[140] vagy úgy is mondhatnám, hogy kortárs mestereim műveit. Szintén nála láttam a kirakatban azt a Mathieu-festményt, amely úgy nézett ki, mint egy elektromos kisülés, és úgy is hatott rám: áramütésként. A következő években szürrealista képeket festettem, még mielőtt a szürrealistákkal megismerkedtem és összebarátkoztam volna. Többször mondtam vagy írtam is, hogy „a szürrealizmus módszereivel léptem túl a szürrealizmuson". Gyerekkoromban is firkáltam, de sosem fogadtam el a szürrealista automatizmust. Asger Jorn[141] jött rá, hogy az automatikus írás mennyire fontos, de a szürrealistáknál az automatikus azt jelenti, hogy mechanikus. A szürrealisták statikusak voltak. Ültek vagy térdeltek munka közben, akkor is, amikor a mozgást akarták bemutatni, pedig azt úgy nem lehet. Nálam az a fontos, hogy mozognom kell. Évekig tartott, mire végül eljutottam idáig. Engem egyáltalán nem érdekelt az akkori École de Paris, hanem csakis az, ami abban az időben Amerikában történt, amiből Velencében egy kis ízelítőt kaptam, de valójában csak folyóiratokból ismerhettem valamennyire: Pollock, De Kooning és a New York-i Iskola. Egy-két Ellsworth Kelly-képet viszont láttam és nagyra értékeltem, mivel ő ott lakott

---

137 René Drouin (1905–1979): francia galerista.
138 Wols (Alfred Otto Wolfgang Schulze) (1913–1951): német festő, grafikus.
139 Roberto Matta (1911–2002): chilei festő.
140 Jean Dubuffet (1901–1985): francia festő, szobrász.
141 Asger Jorn (1914–1973): dán festő, szobrász.

Lovasok, 2018

a Cité de Fleurben, egy emelettel Hantaiék fölött. Amikor visszaköltözött Amerikába, Simon vette át a műtermét. Kelly ott hagyott egy lezárt ládát, amit Simon feltört. Izgatta, mi van benne, szerencséjére, helyesebben szerencsénkre, kitűnő könyveket talált benne; szerintem e miatt a határtalan tudásvágy miatt maga a cselekedet megbocsátható.

1951-BEN mentem először Angliába. Akkor tudtam meg, hogy Bettynek más kapcsolata is volt, már fiatal kora óta, amit nehezen tudott lezárni. Londonban gyakran voltam egyedül, öt teljes héten keresztül. Bejártam Londont. Már nyitáskor ott álltam a British Museum előtt, és az összes könyvtárat átböngésztem, Leonardo,[142] Michelangelo, Beethoven[143] és Mozart[144] leveleit olvastam – azt hiszem, a legtöbbet Mozart kézírásából tanultam. Egy közös dolog volt a levelekben: mindegyikben pénzt kértek, rengeteg „szálem alejkum"[145] közepette. Leonardo olvasásához adtak egy tükröt, mivel tükörírást használt. A British Museum teli van kincsekkel. Ott fedeztem fel a babiloni kapukat – *Bejárat-kijárat* még egyszer. Ez volt a legrosszabb időszak addigi életemben, nem a szökés, nem az éhezés, nem a halálveszély. Ugyanis Betty eltűnt, az anyja pedig, aki később a legjobb barátom lett, akkor még tökéletesen ellenem volt. Nagyon hidegek tudnak lenni az angolok, legalábbis Betty szülei ilyenek voltak: érzelmileg nullák, semmi melegség. A kispolgárság csimborasszói; azt akarták, hogy a lányuk menjen férjhez, legyen egy gyerek, a pénzt a férfi keresse. Amikor Betty anyja halálos beteg volt, gyakran odamentem, és megfogtam a kezét, amit az angolok sose tesznek. A végén, amikor már tényleg haldoklott, egyszer Betty odament hozzá, és megfogta a kezét. Az édesanyja azt kérdezte tőle: „Judit?", mert ahhoz volt szokva, hogy semmi fizikai kapcsolat nincs köztük. Mikor Betty kislány volt, matróz nagybátyjának sok minden meg volt engedve, egy dolog kivételével. Szűznek kellett maradni. Betty tízéves korában a matróz mindent művelt vele, úgy gondolom, vagy legalábbis elképzelhetőnek tartom, hogy az anyja tudtával, aki kedvelte, mert ajándékokat hozott neki

---

142 Leonardo da Vinci (1452–1519): olasz festő, szobrász.
143 Ludwig van Beethoven (1770–1827): német zeneszerző.
144 Wolfgang Amadeus Mozart (1756–1791): osztrák zeneszerző.
145 „Béke veletek!" (arab)

az egész világból. Nem lehet összehasonlítani a szörnyűségeket, amelyek történtek velünk. Mindketten a nőkhöz vonzódtunk, és igazán csak egymást szerettük, de ki tudja, hogy alakult volna az életünk, ha nem bántalmaztak volna bennünket gyerekkorunkban?

TISSA vett egy használt 2CV-t,[146] amellyel nyaranta mindannyian lejártunk Varengeville-be. Hantai Zsuzsa talált egy parasztházat, mi a szénapajtában laktunk. Egyszerűen éltünk: volt egy lepedő, egy pokróc, a szomszéd parasztok adtak tejet. Simonnal gyakran ott volt legidősebb fia, Daniel, akit nagyon megszerettem. Simon betanította Danielt: „Ha vendég jön, nem szabad mondani: *bric-à-brac*".[147] Megérkezett Braque, a gyönyörű, kék szemű feleségével, és Daniel azért is rögtön mondta: *bric-à-brac*. Nem tudom, hallották-e, mindenesetre úgy tettek, mint akik nem hallják. Braque 1914 előtt készült kollázsai nagyon jók. Azt hallottam, hogy Picasso szerette elmesélni, hogyan kísérte ki Braque-ot a pályaudvarra, mikor bevonult, s azután kijelentette: „Sose tért vissza." Picassót mindennap lehetett látni a Café de Flore-ban. Be akartak mutatni neki, de én nem akartam: nem szeretem az egyenlőtlenséget, és, mint tisztelője, nem lehettem egyenrangú vele. Nekem néha felróttuk, hogy sokat beszélek Picassóról, Matisse-ról meg nem. Mondtam: jogom van azt szeretni, akit akarok. Pedig csak arról van szó, hogy beszélgetés közben Matisse, akit nagyon is szeretek, ritkábban jut eszembe. Mindig mondtam: Matisse az apánk, Cézanne a nagyapánk. Viszont ahol Picasso jelen van, ott minden helyet elfoglal. Ahogy ő mondta Gertrud Steinről,[148] amikor valaki kritizálta: „Nem, nem, ő egy nagy valaki... Ha ő belépett egy terembe, megtelt a terem."

PÁRIZSBAN Simon kiállításokra vitt, könyveket adott nekem, és rengeteget segített. Ránézésre több korai képünk hasonló; sose titkoltam, hogy ő festette először azokat a félig absztrakt formákat, amelyek 1952-es és '53-as vásznainkon láthatók. Magukat a vásznakat Hantai Zsuzsa egyik rokona küldte Amerikából, azokra festettünk mindketten. Ahogy említettem, első három párizsi vásznamra még ecsettel tettem fel a festéket, utána

---

146 Citroën népautó.
147 „Kacat" (francia).
148 Gertrud Stein (1874–1946): amerikai költő, író, műgyűjtő.

már egyre inkább kézzel. A felszínt ujjaimmal vagy rögtönzött eszközökkel munkáltam meg. Esténként forró, lúgos vízben mostam meg a kezemet; mindig olyan volt, mintha piszkos lenne. Kezdetben egy-két technikai fogást átvettem Simontól, de azután rátaláltam az automatikus írásra, azt meg ő vette át tőlem, annyira, hogy mások számára sokáig ő jegyezte azokat a képeket... Ezt azért nagyon sajnálom. De mit tegyünk, ilyen furcsa a sors. Az elején Simon részletekben festette a képeit, és a részleteket is rétegenként: meg kellett várnia, hogy az egyik réteg megszáradjon, mielőtt rátette a következőt. Mindig egy figurát csinált, egyetlenegyet, nem tudta folytatni, csak amelyik festékpacni megszáradt, arra lehetett festeni. Föltett egyet, lekaparta zsilettpengével, hozzátett egy másikat, lekaparta. Zsilettpengét én csak néhány szürrealista vásznamon használtam; nem tetszett, amit el tudtam érni vele, ráadásul összevissza vagdosta a kezem.

1953 végére tökéletesítettem saját módszeremet, amely jóval hatékonyabb volt, és amelyet, mivel sokat dolgoztunk együtt, Simon gyorsan eltanult tőlem. Először egy sokrétegű mezőt képeztem, amelyben minden szín egyszerre van jelen. Órákig tartott, amíg rétegenként besimogattam a színeket a kezemmel, vigyázva, hogy létrejöjjön egy jól használható, összefüggő felület, amely egységes, de mégis képlékeny. Nem lehetett használni, csak másnap, mert két nap után az egész megszáradt és eggyé vált, de ily módon maga a beírás körülbelül egy óra. Hajlítottam magamnak egy szerszámot egy függönyrúd végéből, és azzal „írtam" a képeimet. Ez a szerszám a kezemhez idomult, egyszerre tudtam minden irányban mozgatni. A beírt formák rétegei néha fátyolszerűen áttetszőek. Ecsettel hónapokig tartana valami hasonlót megfesteni, de az sincs kizárva, hogy hagyományos eszközökkel ennyire természetes és finom átmeneteket el se lehetne érni. Simon kiment a bolhapiacra, és vett egy szerszámot, amit soha nem láttam, de amiről hallottam: azt hiszem, egy ébresztőóra alkatrésze, csengőkarja volt. Le is írta szarkasztikusan: borzasztó az ébresztőóra zaja. Mint szerszám, az enyémhez képest nagyon alkalmatlan, túl kicsi, egyetlen effektusra használható, beszűkíti a mozgásteret, korlátozza a mozdulatokat, alig jobb, mint a zsilettpenge. Az én szerszámom a szó szoros értelmében sokoldalú, mert mindenfelé lehet forgatni, és ugyanúgy alkalmazható szűk, mint terjedelmes felületeken. Mivel szabadon engedett mozogni, vagy negyven évig használtam. Simonnak egyszerre volt a szerencséje és a tragédiája, hogy nagyon jól tudott utánozni mindenkit. Egy Hantai által festett utánzat gyakran jobb, mint az eredeti. Néha Simon is bevallotta, sőt le is írta: „Én másoló vagyok." Hantai Zsuzsa mindig elismerte, hogy én majdnem mindent előbb csináltam, mint Simon. Bíró Antal egyszer elment hozzá, és azt mondta Simonnak: milyen furcsa, mikor Judit kijött Párizsba, akkor téged utánzott, most te utánzod Juditot. Simon azt felelte: „Nincs más út!"

SIMON meghívta hozzám Bretont. Sose kértem Simont, hogy hívja meg, de örültem, hogy elhozta hozzám. Amikor megkérdeztem, miért akarja elhozni Bretont, azt felelte: „Mert ez az érdekem." Simon úgy mutatott be Bretonnak, hogy én vagyok az a festő, aki a szürrealizmus által lett zseni. Azt is lehetett volna mondani, hogy a szürrealizmust gazdagította a zsenijével. Amikor Breton belépett hozzánk, és meglátta a *Csillapíthatatlanul szomjazzák a végtelent* című képem, a szó szoros értelmében sírva fakadt. Peregtek a könnyei. Breton néha igazi médium volt. Ő volt az első, aki megértette a festményt, amit rögtön neki is ajándékoztam. Breton meghívott, hogy állítsak ki nála a Galerie À l'Étoile scellée-ben.[149] Akkor még nemet mondtam, de ha beszélhetnénk karrierről, akkor azt mondhatnám, hogy Breton indította el híressé vált levelével, amit egy hónappal találkozásunk után írt nekem.[150]

ANNUS mirabilis, annus horribilis.[151] 1954, első párizsi sikerem éve ugyanakkor életem talán legzavarosabb időszaka volt. Breton látogatása eredetileg május 1-re volt megbeszélve, jól emlékszem rá, mert akkor van a

---

149 Párizs 6e, 11 rue du Pré-aux-Clercs, André Breton galériája (1952–1956).
150 „Kedves Barátnőm! Ön életem egyik legnagyobb csodáját adta nekem: el sem tudja képzelni, milyen komoly és mélységes öröm töltött el ma reggel. Abban a pillanatban, amelyben művét megláttam, tudtam, hogy a legszentebb dolgok közé tartozik, és ünnepi jelnek tekintem, hogy az otthonomba került. Nem hittem volna, hogy Lautréamont szavai ilyen hiteles képet kaphatnak, és mihelyt beléptem önhöz, megindított ez a szembeötlő, tökéletes azonosulás. Féltem, hogy neheztel, amiért úgy sürgettem, mutassa meg a képet, ezt és a többit, de gondolhatja, ennek csakis elragadtatásom volt az oka, amely nőttön-nőtt, amint megmutatta többi vásznát. Én olyan vagyok, hogy szeretném, ha mindenkit, aki érdemes rá, ugyanaz a lelkesedés töltene el, mint engem. Nem tudom, Reigl Judit, hogyan mondjam meg önnek, mit jelent nekem az ajándéka. Tudja, nagyon friss még. Ön olyan eszközökkel rendelkezik, amelyek meglepnek egy nőtől, és azt hiszem, óriási dolgokat fog véghez vinni. Engedje meg, hogy kifejezzem csodálatomat, elragadtatásomat." A. Breton.
151 „Csodálatos év, rettenetes év" (latin).

születésnapom, aznap lettem volna harmincegy éves, de végül is június elsején jött el, amire szintén jól emlékszem, mert édesanyám ezen a napon halt meg két évvel később. A látogatás után, de nem miatta, hanem több okból kifolyólag, körülbelül egy évig nem is tudtam igazán festeni. Nem sokkal később történt, hogy a galerista René Drouin eljött a műterembe képeket nézni. Drouin már régebbről ismerte a munkámat, és még mielőtt találkoztunk volna Bretonnal, javasolta, hogy állítsak ki az À l'Étoile scellée-ben. Betty, aki Tissa szobájában volt, túl gyorsan próbált átlépni a *Bejárat-kijárat*unkon – mivel a titkos átjárót leplező kép éppen eldőlt, és ő el akarta kapni –, úgyhogy átesett rajta, és öt helyen eltört a könyökcsontja. Kétségbeestünk. Szerencsére Drouin, aki tudta, hogy nincs egy fillérünk sem, finoman letett egy kis pénzt az asztalra, pedig fösvény ember volt. Mellettünk lakott egy orvos, de amikor meghallotta, hogy Betty angol, kidobta. Bevittem a Salpêtrière Kórházba, ott feküdt hat napig a törött karjával, amin vadhús nőtt. Kiloptam a kórházból, mert hozzá se nyúltak. Végül a Cité Universitaire Kórházban megoperálták. Utána hazavittem; a vadhús a karján újranőtt. Több mint másfél hónapon keresztül nem lehetett operálni, végül kétszer is újra eltörték a csontot. Mindennap bementem a kórházba meglátogatni; amikor Bettyvel gond volt, minden festési vágyam egyszerűen elillant.

SIMON, aki mindig ilyen csalafinta volt, kérte, majdnem térden állva, hogy járjak Bretonhoz a szürrealisták találkozóira, és hogy állítsak ki az À l'Étoile scellée-ben. „Simon, miért akarod ezt?" – kérdeztem, mire megint azt válaszolta: „Mert ez az érdekem." Gondoltam, a művészete miatt fontos neki, segítené, hogy a galériában, ahol kiállít, a színvonal magasabb legyen. Nem sokkal később, és nemcsak Simon unszolására, hanem a legnagyobb örömmel, elfogadtam Breton ajánlatát, és kiállítottam a galériájában. Simon, akivel naponta találkoztam, és aki a legjobb barátom volt, természetes nagyvonalúsága ellenére mindig csalt, ahol csak tudott. Valahogy meg is tudom magyarázni: ugyanúgy, mint engem, semmi más nem érdekelte, mint a festészet. Én azt mondanám: engem maga a festészet érdekelt, Simont kizárólagosan a saját festészete. Ő kellett, hogy legyen a központ, csak úgy tudott dolgozni. Néhány hónappal első önálló kiállításom előtt volt egy közös kiállításunk az À l'Étoile scellée-ben. Simon mutatta a képeit Bretonnak, mondván: Judit most azt csinálja, amit én, és levetette azt a képemet, amelynek az övé majdnem pontos másolata volt. Ha valamit egyáltalán, akkor az övét kellett volna levenni. Fiatal kori műveinkről beszélek. Majdnem az összeset Maurice Goreli[152] vette meg, nála voltak versailles-i lakásában, kettő vagy három kivételével, amit a Pompidounak adott, és egyikünk se ezekről a képekről lett híres. Amikor 1994-ben a Goreli Reigl-adomány-kiállításának képeit akasztottuk a Beaubourg-ban, a műtárgyszállító azt mondta nekem: „Hoztam Önnek két nagyon szép Hantait." Most mit tegyek, megöljem? Az ilyennel nem lehet vitatkozni. Annyira fájdalmas volt. Csak annyit mondtam neki: „Hantai előttiek." Korai, konvencionális képeink után mindketten elindultunk a végtelen felé. Én, az asztronómus 1955 óta élő teleszkópként jelenítettem meg a végtelen kozmosz egy-egy vetületét. Simon, a topológus 1960-tól sztahanovistaként hajtogatta markába a végtelent, új dimenziót teremtve a kortárs festészetnek. Egy művész nem is kívánhatna ennél többet. De ahogy legjobb barátom felváltva rajongott értem, majd tagadott meg pillanatnyi érdeke szerint, az egyre mélyebb nyomot hagyott bennem.

ENNEK a nyárnak a végén volt egy csodálatos közjáték, ami azután harminc éven át ismétlődött. Tissa révén találtunk délen egy vadregényes helyet: Causse-de-la-Selle-t, az Hérault folyó partján, negyven kilométerre a tengertől. Egy házaspárral felváltva béreltünk ki egy házat minden nyáron Bettyvel; egy-két barátot is meghívhattunk. Szerettem csillagokat nézni, augusztusban az ég tele van hullócsillaggal. Pokrócokon feküdtünk, és néztük az égboltot. Egyedül voltunk a magányos tanyán. Halálos csend volt. Csak néha egy állat vagy vadállat akadt, olyan szelíd vadállatok, még a sok vaddisznó is annak tűnt. Szeptember utolsó hetében volt a legszebb. Október végén vagy november elején mentünk fel a vízeséshez, ami elmondhatatlan, majdnemhogy zenei élmény volt: a színharmónia összessége, narancs, bíbor, bronz, citromsárga, okker, sziéna. Mi jártuk a természetet, a természet meg bejárt hozzánk. Volt ott egy nagy hangár, ahova bejött hűsölni egy ritka nagy Montpellier kígyó, vagy hárommétéres,

---

152 Maurice Goreli (1925–): francia műgyűjtő. *Gorelinek hihetetlenül jó szeme volt, de szerénykedésből azt terjesztette, hogy Breton tanácsára kezdett Hantait és engem gyűjteni. Évekkel később Goreli barátnője, Marie Somogy [1926–2005] azt mondta erre, hogy Goreli valójában nem műtárgyakat, hanem művészeket gyűjt. Goreli éveken keresztül vásárolt tőlem, így folyamatosan tudtam dolgozni, mert a minimum megvolt. Nagyon sokat köszönhetek neki.*

Reigl Judit, Betty Anderson és édesanyja (jobbról balra), West Looe, Cornwall, 1951

Betty Anderson és Reigl Judit, 1954

össze volt tekeredve az asztal alatt. Azon a nyár végén és egész ősszel csak a *Bibliá*t olvastam. Egy nap egy hídon mentünk át, amelyet hirtelen beleptek a lepkék. Minden megelevenedett, és olyan lett, mintha valami forrongó, élő közegben járnánk. Milliószámra nyüzsögtek alattunk, felettünk, körülöttünk a vergődő férgek, mint a sáskacsapás a *Bibliá*ban.

SZEPTEMBERBEN az Hérault folyón mindennap megcsodáltam egy másfélszer másfél méteres gépezetet a gáton, amely a zsilipet szabályozta volna, de már nem működött rendesen, alig folyt át rajta a víz. Később odatettek egy sokkal nagyobbat, ami jobban megfelelt, de ez a tizenkilencedik századból való megkapóan szép volt. A doboz kívül rozsdásodó ajtaja néha ki volt nyitva, mint egy tabernákulum, és olyankor lehetett látni a szerkezet belsejét, ami makulátlan, majdnem csillogó volt, olyan hatalmas fogaskerekekkel, mint amilyenek Chaplint[153] kapják el a *Modern idők* című, remek filmben. Képzeletemben a gépezet kivetítődött az égboltra, amelyet állandóan bámultam, és a kerekek mintha a kozmoszt mozgatták volna csillagfogaikkal. Ennek a hidromechanikai szerkezetnek sok köze lett

---

153 Charlie Chaplin (1889–1977): amerikai filmrendező, színész.

a kollázsokhoz, amelyeket 1954 őszén készítettem, miután visszautaztunk Párizsba. Nézegettem a Szajna-parton vett régi magazinokat, ami érdekes volt számomra, kivágtam. Összesen tizenkét kollázst készítettem, de nem úgy, mint a barátaim, mert én nem festettem hozzá semmit, csak kivágtam a figurákat. Kissé hasonlítanak Roberto Matta és Max Ernst képeire. Matta és még inkább Ernst nagyon is hatott rám. Nem csak a kollázsoknál. A *Lepel/kódfejtés*t[154] (XI. kép) Ernst frottázsaihoz lehet hasonlítani, amely sorozatban temperába mártott ecsetemmel a vékony vászonanyag egyik oldalát simogatva varázsolok elő egy alatta domborodó mintát. Végig felhasználtam a szürrealista metódusokat, de nagyon oda kell figyelni, mert senki nem tudja, hogy ez mit jelent valójában, csak egy igazán jó szakember.

AZ 1954. november 19-én megnyílt kiállításom az À l'Étoile scellée-ben – ahol két szürrealista és tíz absztrakt-szürrealista festményt mutattam be – minden szempontból sikeres volt, csak üzletileg nem: semmit se adtunk el. Egyáltalán nem zavart. Nem az eladás számít, az a legfontosabb, hogy egypár ember megértsen. Matta és Ernst már ismerte a munkámat, de Marcel Duchamp[155] itt látta először. Varengeville-ben volt Braque-nál, ott hallott rólam, és látni akart valamit tőlem. Eljött a kiállításra. Az À l'Étoile scellée-ben volt egy üvegezett norvég kályha. Duchamp nézi, nézi, s azt mondja: „Érdekes, most voltam vidéken Braque-nál, aki azt mondta nekem, mindig kiteszi a képeit a mezőre, és ha a művészi kép beleillik a tájba, akkor jó, és megtartja. Ha nem, akkor kidobja. S itt ugyanez az érzésem, itt van a lobogó, eleven tűz, és itt vannak a képek. Megfelel-e, ugyanolyan valóságos? Igen." Nekem ez olyan nagy dicséret volt. Én nem voltam jelen, de Breton, akiben mindig volt valami anyáskodó, rögtön elmesélte. Itt ismerkedtem össze Otto van de Loovallal,[156] aki látván a *Páratlan gyönyör*[157] című képemet, annyira el volt ragadtatva, hogy meghívott egy kiállításra. Azután több kiállítást is rendezett nekem Németországban. Egyetlen igazi gyűjtőm, Maurice Goreli is itt fedezte fel a munkáimat. Goreli volt az, aki valaha is a legtöbbet segített nekem életem során. Üstökösként tűnt fel az életemben, de olyan üstökösként, amely nem tűnik el, hanem végig az égen ragyog.

---

154 *Drap/décodage*, 1973.
155 Marcel Duchamp (1887–1968): francia festő.
156 Otto van de Loo (1924–2015): német galerista.
157 *Volupté incomparable*, 1952–1953.

Tissa David, Betty Anderson és Reigl Judit, Párizs, square de Montsouris, 1954

BRETON kiállítása miatt az élet nagyon jól mehetett volna tovább, de egy ideig mégis minden a visszájára fordult. Breton el se jött a megnyitóra: összeveszett az asszisztensével, aki válaszul rögtönzött osztályharcba kezdett mind az igazgató, mind a művész ellen, és hanyagul rögzítette a képeket. A legfontosabb festményt, a *Csillapíthatatlanul szomjazzák a végtelent* címűt szándékosan az elektromos főkapcsoló elé akasztotta, ami azt jelentette, hogy a képet naponta legalább kétszer, nyitáskor és záráskor sikerült levernie. Breton mindig előzékeny volt velem, és kedves volt hozzám, noha másokkal kegyetlen is tudott lenni. Két embert dobott ki az én jelenlétemben. Az egyik, a spanyol festő, Antonio Saura,[158] egy nagyon szép ember, sírva ment el, mert egy-két amerikait megemlített egy cikkében, és Breton ezt megbocsáthatatlannak tartotta. A másik Éric Losfeld[159] volt: erotikus könyveket írt, amiket Breton szamizdatban kiadott. Nem emlékszem, miért, de úgy lehordta azt a szegény embert mindenki előtt, hogy én szégyelltem magam. Még akkor is, ha esetleg igaza volt. Emlékszem, hogy egyszer mennyire bántott valami. Ott voltunk mind a Pigalle-on. Bejött egy szegény kis kolduló apáca. Benjamin

---

158 Antonio Saura (1930–1998): spanyol festő.
159 Éric Losfeld (1922–1979): belga író és könyvkiadó.

Péret[160] – Breton leghűbb társa, aki a köztársaságiak oldalán végigharcolta a spanyol polgárháborút – elkezdte szidni azt a kis apácát a perselyével, amely majdnem nagyobb volt, mint az apáca maga. Péret sokszor használta a *chiottes*[161] szót, én azt hittem, *chiot*-t[162] mond, úgy gondoltam, ez még a legjobb, amit mond, holott... Breton nem állította le.

A MEGKÉSETT szürrealisták borzalmasan tudtak viselkedni. Imádták Bretont, de nem voltak igazi művészek. Amennyire felnéztem az első szürrealista társaságra, annyira nem kedveltem Breton akkori udvartartását. A kiállítás végén elküldtem Bretonnak egy levelet, amelyben megírtam neki, hogy nem kívánok jelen lenni, amikor a követőivel találkozik, és hogy a saját utamat csak egyedül tudom megtalálni. Mindig kívülálló voltam, és az is kellett, hogy maradjak.[163] Simon látta, amint a kávéházban Breton átadta nekem válaszlevelét. Simon, mint majdnem mindig, akkor is elkísért a metróig, de ezúttal lejött a peronra, és ott várt velem. Bejött a vonat, amikor be akartam szállni, kabátomnál fogva visszahúzott, és elkérte Breton levelét. Egészen addig a pillanatig a legjobb barátok voltunk, de ahogy Simon elolvasta Breton – tőle nagyon is szokatlanul – megértő és őszintén mentegetőző sorait, meghitt barátságunkat mintha elvágták volna, bár végső szakításunk még közel tíz évig váratott magára.

AKKOR éppen egy nehéz időszak után voltunk Bettyvel, akinek egy kis futó szerelme akadt egy tanítványával, aki annyira beleszeretett, hogy öngyilkos akart lenni. Megmentették, de a szülők nagy botrányt csaptak, és be akarták perelni Bettyt. Nagyon szép, szőke, kék szemű lány volt, és végtelenül kedves. Egyszer Betty felhozta hozzám látogatóba, de én

---

160 Benjamin Péret (1899–1959): francia költő.
161 „Vécé" (francia).
162 „Kiskutya" (francia).
163 R. J.: „A napokban találtam meg teljesen véletlenül André Bretonnak írt búcsúlevelem piszkozatát, amelyet 1954 decemberében küldtem neki. »...El kell hagynom önt, nem tudok eljárni az összejöveteleikre, mert egyedül kell megpróbálnom azt, amit egy régi kis magyar népdal elvár tőlem: Aki dudás akar lenni / pokolra kell annak menni / Ott kell annak megtanulni / Hogyan kell a dudát fújni.« Most, 1999 áprilisában veszem észre, hogy megtettem. Micsoda hosszú évad – 45 esztendő – a pokolban, és nem a Gergely-naptár szerint. Mély lélegzetet kellett venni, megtanultam. Most már kívül vagyok: kívül kerültem téren, mélységen, határokon és lőtávolon is. Most egy testben és egy lélekben bírhatom az igazságot." Megjelent a *Reigl Judit Kívül (Hors)* című kiállítás katalógusában. Párizs, Galerie de France, 1999.

mondtam, hogy azonnal tűnjenek el. Betty akkor majdnem egy hónapra elhagyott: néhány nappal a kiállítás megnyitója után ment el, és karácsonyra jött vissza. Egyszer csak megjelent az ajtóban, bejött, és többet nem is beszéltünk a dologról. De közben öngyilkos is lehettem volna, isten bizony, közel álltam hozzá. Szerelmem, Betty eltűnt, édesanyám ezúttal tényleg nagyon beteg volt, legjobb barátom, Simon alig állt szóba velem. Úgy éreztem, hogy mindent elvesztettem. Arra gondoltam, elmegyek Varengeville-be, veszek fehér meg fekete festéket, tíz-tíz kilót, és hopp, nekimegyek a tengernek, és leugrom a sziklafalról. Nagyon egyszerű lett volna... Elképzeltem, milyen festéknyomot hagytam volna magam után, olyat, mint amilyet későbbi, fekete-fehér *Tömbírás*-vásznaimon. Egy dolog mentett meg: amint hazaértem az üres lakásba, elkezdtem rajzolni. A kollázsokból és ezekből a rajzokból származnak a fél évvel később megfestett *Robbanás*ok szertecikázó vonalai.

A KIÁLLÍTÁS bezárt; én továbbra se tudtam festeni, helyesebben néhány vásznat festettem is, de ezek a képek mintha nem is tőlem származnának. Bárki festhetett volna ilyeneket az akkori École de Paris-ból. A legjobb, amit ezekről az idegenszerű, „köztes periódusban" keletkezett képekről tudnék mondani, az lenne, hogy az én életemben 1955 első fele annak a kozmikus káosznak felel meg, amely az univerzumban megelőzte a nagy robbanást vagy tizennégymilliárd évvel ezelőtt. Saját nagy robbanásom életem harmincharmadik évének elején, 1955. június elsején történt meg, egy évvel Breton látogatása után. Számomra teljesen nyilvánvaló, hogy 1954-ig bezárólag képről képre keresztülmentem az egész művészettörténeten, és a *Robbanás*sal elérkeztem önmagamhoz, vagyis magamra találtam, és azzal felszabadultam. A sorozatot nagyrészt alapozás nélküli vászonra festettem. A festék átnyomódott a vásznon, és olajkontúrral vette körül az ábrákat és a vonalakat. Ezeket az önkényes üzemi baleseteket azután még hosszú évekig használtam-kihasználtam. Néhány hozzáértő műkritikus véleményével ellentétben a *Robbanás*-sorozatnak, amelynek legtöbb darabját már a forradalom előtt megfestettem, semmi köze az '56-os forradalomhoz. Apám halála, az engem ért gyermekkori zaklatás borzasztó emléke, Simon árulása, anyám betegsége és Betty eltűnése egyszerre robbant fel bennem, vagy robbant ki belőlem. A *Robbanás*-sorozat által szabadultam meg mindattól, ami akár öngyilkosságba is kergethetett volna. Addig is festettem, de a *Robbanás* által lettem valódi festő. Anyám 1956. június elsején, pont egy évvel az első *Robbanás* után halt meg. Sokáig nem is tudtam, hogy rákos, csak azt, hogy nagyon beteg. 1956-ban volt néhány pillanatom, amikor komolyan azt gondoltam, hazamegyek. Végtelenül szerettem, sokáig nem bocsátottam meg magamnak, hogy amikor haldoklott, nem lehettem ott vele.

MIUTÁN a szürrealistákat otthagytam, 1956 elején René Drouin hívott meg Visconti utcai galériájába. Egy képemet sem sikerült eladnia; igazi könnyeket sírt, amikor elmondta, mennyire eladósodott. Szerepeltem Drouin nyár végén megnyílt *Feszültségek*[164]-kiállításán, ahol megismerkedtem egypár hírességgel, többek között a költő Henri Michaux-val,[165] aki festett is. Decemberben összefutottam vele az utcán. Megkérdezte, mit csinálok, mondtam, éppen kiállítok a Galerie Kléberben Fourniernál, akihez Drouin után – és részben Drouin közreműködésével – kerültem. Amikor megadtam Michaux-nak a Trocadéro melletti címet, azt felelte: „Az a világ végén van." Azt válaszoltam: „Talán megéri." Azután mégis elment, és nagyon tetszett neki. *Robbanás*-képeim kiállítása 1956 végén a Galerie Kléberben, amelyet Fournier Mathieu-vel és Hantaival együtt rendezett, minden szempontból sikeresnek volt mondható. Hantai megint a legjobb barátom lett, mintha mi sem történt volna. Ha nem tört volna ki a botrány a szürrealistákkal néhány hónappal később, Mathieu „retrográd" akciósorozata miatt, lehet, hogy most rózsaszínű szemüvegen keresztül látnám akkori párizsi életem.

1957 nyarán egy utazási irodában vettünk Bettyvel egy diákoknak és fiatal művészeknek ajánlott, kedvezményes jegyet, amivel nagyon olcsón be tudtuk utazni egész Franciaországot. Akkor ismertem meg sok francia várost, és így jutottunk el Lascaux-ba, valamint a Pech-Merle-barlangba, amely páratlan élményünk lett. Későn értünk oda, az őr már menni készült, lejárt a munkaideje. Kikönyörögtem, hogy adja ide a kulcsot, amely akkora volt, mint Szent Péter kulcsa a mennyországba. Kis borravalóért

---

164 *Tensions (Degottex, Hantaï, Claude Georges, Reigl, Viseux).* Párizs, Galerie René Drouin, 1956.
165 Henri Michaux (1899–1984): belga származású francia költő.

ide is adta, és megmondta, hol kell bekapcsolni a világítást. Egyedül voltunk, az őskori ember lehetett itt így. Írtam is erről,[166] mert ott található az eleven *Folyamat,* maga a „folyamat" – huszonötezer évvel ezelőtt valakik a friss agyagon végighúzták a kezüket, és ma is látszik. Arra gondoltam, hogy ami ott látható, az valamilyen kottaszerű írás, egyszerű alapzene. Elképzeltem, hogyan mehettek a barlangban azok az emberek a fal mellett, gyönyörű *Folyamat*ként ott hagyva a kezük nyomát. A lábnyomukat is lehetett látni, talpakat, ahogy megmaradtak a nedves agyagban. Egy kisgyerek is ment velük, egy mellékfolyosón kijutott a szabadba. Talán leomlott egy szikla, és ezért hozzáférhetővé lett egy természetes ösvény, ami azután tökéletesen megmaradt. Láttuk az egyik oldalon azt a rengeteg kezet, talán száz is volt, a másik oldalon későbbi, gyengébb rajzokon lovak sorakoztak – a rossz nyelvek szerint ezeket nők rajzolták.

EGYSZER csak elérkeztünk egy terembe, ahol éreztem valamiféle „jelenlétet". Ott nem volt se cseppkő, se rajzok, csak egy nagy boltív. Óriási tér és csönd. És ott, életemben először, teljes mértékben átéltem azt a

---

166 R. J.: *1957. szeptember.* „Verőfényes idő volt azon az 1957. szeptemberi napon. Dél felé tartottunk Bettyvel, fel akartuk fedezni Lascaux-t, amiről már régen álmodtam, de tettünk egy kitérőt Cahors-tól keletre, hogy megnézzük a Pech-Merle-barlangot. André Breton beszélt az ottani történelem előtti festményekről, amelyeket szerinte retusáltak. A barlang zárva, de a szomszéd faluban lakó őr nagylelkűen átadta nekünk az óriási kulcsot. Elmondta, hogy – a bejárattól nem messze – hol találjuk a kapcsolót, amellyel villanyt tudunk gyújtani. Meg is tettük. Az első teremben csakugyan úgy tetszett, hogy egy csapat festett állatot (amelyekről Breton beszélt) átfestettek, akár így, akár úgy – semmi érdekes. Egyáltalán nem fogható azokhoz a hihetetlenül szép lascaux-i műalkotásokhoz, amelyeket két héttel később fedeztünk fel. Pech-Merle-ben egy sima előtér vezetett le a barlang mélyébe, egy rövid, szűk kanyarral, valószínűleg ez volt a legrégebbi rész. Meglepetés: itt nem volt festmény, csak rengeteg emberi ujj lenyomata a valaha nedves agyagfalon. Vízszintes, hullámos vonalak, nyilván az elhaladó testek mozgásának ritmusára. Tízméternyi. Egy csomó, olykor összevissza egymásba érő rajzolatok – a különböző ujjak lenyomatai, nemzedékeken vagy korokon át százszor követve ugyanazt az utat – a egyetlen nagy lüktető tömeget, hatalmas zenei áradatot alkottak: olyan volt ez, mint az évezredekkel későbbi *Folyamat.* Valamivel messzebb néhány mértani rajz, obszcén ábra. Azután valamivel a kijárat előtt (visszafelé jövet) a tér kitágul, az ember hirtelen egy nagyon tágas, nagyon magas terembe ér, egy hatalmas kupolába, amelynek boltozata a végtelen homályba vész. A falak üresek, nincs semmi kép, nincs emberi nyom. Semmi. Vagy mégis: Jelenlét. Nem emberi Jelenlét. Amit mégis csak egy jelen lévő ember érzékelhet. Érzékelheti, hallhatja, sőt meg is nevezheti: Vagyok." Megjelent: Marcelin Pleynet: *Judit Reigl.* Paris, Éditions Adam Biro, 2001. *Amikor a még teljesen ismeretlen Breton meglátta ezeket a barlangrajzokat, azt mondta, hamis, mert némelyiket átfestették, hogy jobban lásszon. Az őr rászólt, hogy ne nyúljon hozzá, mire Breton végigsimította az egyik őskori mamut felújított ormányát. A tárlatvezető ráütött a kezére. Bretont perelték be, mert állítólag három négyzetmilliméternyi kárt tett a rajzon, megbírságolták – a fáma szerint 1 frank jelképes összegre –, de nem tudom, hogy kifizette-e.*

megdöbbentő élményt, hogy „vagyok, aki vagyok". Az Ószövetségben van egy nagyon érdekes rész, amelyet mindenkinek el kellene olvasnia. Mózes felment a hegyre, és találkozott a *Je suis*-vel.[167] A „vagyokkal" a Pech-Merle-barlangban valóságosan találkoztam, aminek nagyon örültem. Pascalnak[168] is pontosan ugyanez az élménye volt, csak ő abban a korban úgy írta le, hogy találkoztam Ábrahám és Mózes istenével. A „vagyokkal" való találkozás... Valaki nekem azt mondta erre, hogy ez a kezdete az igazi felismerésnek vagy megértésnek. Talán tíz évre rá magamtól értettem meg, hogy a végén már a „vagyok" sincsen, az is kidobódik. Nálam most még van. Ez még valahogy az emberi élethez köt. Annak idején a barlangban nekem ez a belső hang magyarul szólalt meg: „vagyok, aki vagyok", mintha egy telefonhívás lett volna. De ez nem számított: láttam egy körfélét, ahol nem volt központ, minden egyes kis porcika, minden kis atom ugyanolyan központ volt. Minden közös egy ponton túl. Mindent meg kell érteni. Azután visszamentünk a bejárathoz, bezártuk a kaput, és visszaadtuk a kulcsot.

MINDEN szeptember végén leutaztunk délre. Egy alkalommal a Causse-de-la-Selle melletti Pic Saint-Loup hegyorom tulajdonosa, Ravailles[169] úr – akit Sherlyn keresztül ismertünk meg – látott vendégül minket. Nagyon gazdag ember volt, ötven hektár, akkor még ismeretlen, de kitűnő borokat adó szőlőbirtokkal. Azt mondta: „Jöhetnek a barátai is, nekem nem kell pénz, csak fessenek egy Pic Saint-Loupot." Öszvérháton kellett felmenni a hegy tetejére, ahol a birkákat legeltették. Mondtam Bettynek, menjünk körbe, minden oldalról nézzük meg, ami húsz kilométert jelent. A hegycsúcs oldalnézetből volt a legérdekesebb. Minden oldalról lefestettük a Pic Saint-Loupot. Betty képei a hegyről jobbak voltak, mint amiket én festettem. Érdekes, hogy mindkettőnk képei nagyon hasonlítottak a Mont Saint-Victoire-ra. Nem csoda, mind a két hegy déli. A *Lepel/kódfejtés*-sorozat színei tudatosan hasonlítanak Cézanne képére, de a Mont Saint-Victoire-ba belekeveredhetett valamennyi Pic Saint-Loup. Emlékeimben a vidék olyan, mint egy kínai tájkép. A hatalmas hegy olyan nagyon szép volt, hogy nem is tűnt igazinak. Saint-Martin de Londres, Saint-Martin de Trévier... Nekünk harminc

---

167 „Vagyok" (francia).
168 Blaise Pascal (1623–1662): francia matematikus, fizikus, vallásfilozófus.
169 Ravailles: híres borászcsalád, amelynek felmenői a fáma szerint kapcsolatban voltak a hegy névadójával, Szent Farkassal.

évünk volt rá, hogy tanulmányozzuk. Gyönyörű környék, hihetetlenül vadregényes fennsík, ami megmaradt szűzi tájnak.[170]

ÖTSZÖR mentem el Grünewald[171] *Isenheimi oltár*át[172] megnézni, mindenféle módon – autóstoppal, vonattal. Az egy csoda, egyedülálló. Nekem rendkívül fontos volt. A világ legszebb képei. Először születésnapomra, május 1-re értem oda, be volt zárva. Megint egy csoda: megkaptam a kulcsot, mintha a mennyország kulcsa lett volna. Az egész napot ott töltöttem Bettyvel. Útban Colmar felé megálltunk Marville-ben, ahol a tizenkettedik századi templom mögött egy temetőre bukkantunk. Megdöbbentett, és azóta is kísért, amit ott láttam: egy rácsozott építmény, csurig megtöltve emberi koponyákkal. Sok vázlatot készítettem erről az osszáriumról, és később meg is festettem az élményt, amely az utóbbi években készült *Haláltánc*[173]-sorozat vanitas-rajzait – legalábbis részben – inspirálta. Egy másik utunkon megnéztük a bayeux-i falikárpitokat. Annak a részletnek a láttán, ahol egy szupernóva éppen felrobban, hirtelen megértettem saját *Robbanás*-sorozatomat.

HAT évig laktunk a Montsouris park mellett. El sem tudom képzelni, hogyan tudtam azokat a nagy képeket, például a *Robbanás*-sorozatot megfesteni. Utána néhány évig Bourg-la-Reine-ben laktunk, ahol Betty javítóintézeti gyerekeket tanított. A *Dominancia-központ*[174]-sorozat már ott készült. A legelső sorozatból *Robbanás*nak indult, de a kirobbanó, egyenes vonal spirállá vagy inkább egy spirál kezdetévé görbült, valamilyen titokzatos centrifugális erő hatására, amelynek a kezem engedelmeskedett.

---

170 *Bettyvel sokat kirándultunk. Egy keveset még lovagoltam is. Egyszer Camargue-ban lóra ültem, egy nagyobb turistacsoporttal. A túravezető hirtelen elküldött mindenkit, az angolokat, a kövéreket, az ártatlan turistákat. Volt ott két német ember, rajtuk akart bosszút állni a német megszállásért, de mivel ránézésre azt gondolta, hogy én jól lovagolok, maradhattam. Iszonyú ütemben kezdett vágtatni, közben biztatgatott: „Vigyázzon, tartsa magát!" Kibírtam valahogy, és mikor leszálltam a lóról, a két német azt mondta: „Persze, maga jól lovagol." Mondtam: „Életemben másodszor ülök lovon." Az a camargue-i lovászember nagyon merész volt, de szerencséje volt velem, leeshettem és összetörhettem volna magam. Sose fogom elfelejteni. Akkor még azt mondták a franciák a németekre, hogy: „boche-ok". Egyszer autóstop közben egy teherautósofőr azzal próbált minket szórakoztatni, hogy elmondta, hogyan ölt meg hét boche-t.*

171 Matthias Grünewald (1470 körül–1528): német festő.
172 *Isenheimer Altar*, 1512–1516.
173 *Danse macabre*, 2015–2020.
174 *Centre de dominance*, 1958–1959.

Vanitas, 2017

A *Dominancia-központ*-vásznak közepén mindig űr van. A legelső közepén viszont még ott van az a fekete festék – mondhatnám fekete lyuk –, amiből az egész *Centre de dominance*-sorozat ered. Az egyik széria azért követi a másikat, mert van egy határ, amin nem tudok túllépni. Megint elkezdem elölről, de visszafelé. A *Dominancia-központ*ot centrifugális, a *Tömbírás*t centripetális erők mozgatják. A szériák hullámszerűen követik egymást, mintha kifújnám, majd belélegezném a levegőt.

AZ ELSŐ *Dominancia-központ*-kép (VI. kép), miután megfestettem, először nekem nem tetszett, mert azt hittem, egy elrontott *Robbanás*. Akkor el akartam dobni, de az éles szemű Goreli, velem ellentétben, azonnal beleszeretett: amint meglátta, felkapta, és elvitte. Most nagyon örülök, hogy megvan. Soha nem agyaltam ki, hogyan fogok festeni, belülről jött, ami jött, nekem el kellett fogadnom, kész. Jó volt, rossz volt, az utána derült ki... Rengeteget kidobtam. Bourg-la-Reine-ben két évig főleg *Dominancia-központ*okat festettem, utána főleg *Tömbírás*okat. Az első *Tömbírás*ok is elrontott *Dominancia-központ*oknak tűntek; pont a legjobbat közülük ki is akartam dobni. Ahogy elkészült, ráírtam mérgemben: „elrontott kép". Ezt a festményt is Goreli mentette meg. Néha évekig tartott, amíg megértettem egy-egy új sorozatot. Ehhez nézegetni kellett a képeket, nem festeni. Ugyanakkor szükségem volt kidobni való vásznakra is: vigyáznom kellett a parkettára, amelyet az elrontottnak hitt festményekkel takartam le. Mindenesetre ezekből az eldobott és összetaposott vásznakból lettek a *Guanók* – következő szériám. Öt év rakódott le bennük az életemből. Érdekes, hogy az ember élete valahogy beleíródik abba, amin dolgozik. A képeimet nézve más talán nem látja mindazt, ami történt velem, de utólag nekem olyan, mintha mindig is naplót vezettem volna, és azt olvasnám.

JEAN Fournier, aki a Kléber után egy új helyiségben, a rue de Bac-on folytatta, főleg Simon unszolására lett a galeristám. Ebből ugyanannyi rossz, mint jó származott. A Galerie Fournier összes festője megszenvedte, hogy Fournier szerelmes volt Simonba. Fournier-nak hiába voltak jobbnál jobb művészei: ha valaki Mitchellt,[175] Bishopot,[176] Reiglt szeretett volna látni,

---

175 Joan Mitchell (1925–1992): amerikai festő.
176 James Bishop (1927–): amerikai festő.

annak is Hantait mutatott. Néha két hónapnak is el kellett telnie, míg Fournier megmondta, hogy eladott valamit, és a kritikákat gyakran egyszerűen elhallgatta. Van de Looval jól dolgoztunk együtt Németországban több éven keresztül, ez volt a szerencsém művészileg. A legjobb kortársaimmal állított ki, és ő szervezte meg első önálló múzeumi kiállításomat a Freiburg im Breisgau-i Kunstvereinben.[177] A pechem viszont, hogy Franciaországban abban az időben senki sem foglalkozott velem úgy, mint Fournier Hantaival. Kellett volna egy galerista, aki szívét-lelkét feláldozta volna értem, mint Fournier Hantaiért. Fournier azt mondta nekem: „Én Hantai nagyobb dicsőségéért élek és dolgozom." Nekem ez tragikomikusnak hangzott, pedig mindig szerettem Simont, akkor is, amikor haragudtam rá. Nem is én szakítottam vele végleg, hanem ő velem. Technikailag a szakítás viszonylag egyszerű volt: én kiköltöztem Marcoussis-ba, Simon pedig következetesen nem hívott többet magához, és nem is látogatott meg. Az, hogy mit festettem, végig érdekelte, de különben nem foglalkozott velem. Simon, aki rengeteg barátjával veszett össze, könnyen túltette magát rajtam. Én viszont csak vele vesztem össze a barátaim közül, és ez a mai napig fáj. Szerintem mindkettőnk művészetének jót tett, hogy mindenekelőtt egymás műveit néztük. Ez mindkettőnknek segített abban, hogy ne tartozzunk senkihez és semmihez. Mindezt én mondom; Simon, ha élne, a nevem hallatára csak legyintene. Tehát hiába voltunk jin és jang, egymásnak ellenpont-tükörképei. Hiába becsülöm mint művészt jobban, mint kortársaim közül majdnemhogy akárki mást. Hiába beszélek többet róla most is, mint másról. Ebben a könyvben Hantainak soha sehol nem kellene szerepelnie. Ebből eddig is csak baj volt, és most is csak baj lesz.

1963 márciusában költöztünk Marcoussis-ba. Pierre Székelyék találták nekünk ezt a házat, gondoltam, kibírom öt évig… Hát már majdnem hatvan éve itt vagyok. Amikor Marcoussis-ba jöttünk, eltemettek, és én ennek nagyon örültem. Nem tudtam volna megfesteni, amit akartam, ha nem hagytak volna magamra. Amíg Párizsban laktunk, mindig kértek tőlem valamit. Itt végre nyugtom volt. Amikor megkaptuk a házat Marcoussis szélén, a környékünkön még káposztaföldek voltak. Az épület, amely rovaroktól és hernyóktól hemzsegett, tulajdonképpen egy

---

[177] *Judit Reigl,* Freiburg im Breisgau, Kunstverein, 1961.

ablaktalan pajta volt, amit lakhatóvá kellett tennem. Korábban háziállatok, azután meg traktorok voltak benne. Nem is volt padló, csak döngölt föld, vastagon átitatva büdös gépolajjal. Mivel nekem úgy tűnt, hogy jobb lesz egyedül dolgozni, Betty egy hónapra elment a szüleihez. Párizsból átszállásokkal, három autóbusszal kellett kijönni, de a helyi apácák nagyon rendesek voltak, és ingyen adtak egy szobát, amíg be nem fejeztem az építkezést. Így is rettentő nehézségeim voltak az átépítéssel. Állandóan beomlott a fal, olyan hideg volt, hogy megfagyott az építőanyag, és a vakolat, miután megszáradt, leesett. Egyedül nem is tudtam volna befejezni a munkát. Végül egy fiatal olasz kőműves, aki azért jött néhány napra, hogy segítsen feltenni a gerendákat, otthagyta a munkahelyét, és minimális fizetésért velem maradt, csak hogy ne parancsolgassanak neki.

ELSŐ, Marcoussis-ban töltött éjszakámon volt egy háromrészes álmom. Valahol mentem, egy iszapos medencében vagy inkább tóban, egy mesterséges tó vizében, ahol hüllők csatáztak életre-halálra. Dinoszauruszok vagy krokodilfélék, ősállatok. Kegyetlenül. Lehetett látni, hogy egyiküknek el kell pusztulnia. Második rész: továbbmentem, és elérkeztem egy porondszerű helyhez, ahol két macskaféle, talán oroszlán, párduc vagy tigris küzdött, párharcot vívott. Mindig ketten voltak. Ez is kegyetlen, megdöbbentő látvány volt. Elhatároztam, hogy nem is nézem tovább. Harmadik rész: furcsa, óriási, kusza bokrot pillantottam meg, amelybe betévedt egy madár, és nem tudott kiszabadulni. Ahogy kitárta a szárnyát, beleakadt az ágakba. Néztem a vergődő madarat, pár tolla ki is hullott, vártam, mi lesz. És hopp, már kinn volt, és nagy örömömre vakító fehéren, diadalmasan, boldogan, szabadon – ez a legjobb kifejezés – repült fel a fénylő, kék égbe. Egy másik álmomban egy olyan budapesti utcában voltam, ahol abban az időben laktam, amikor tíz-tizennégy éves voltam, ami nagyon fontos kor egy lány életében. Úgy éreztem, ott vagyok valahol. Az utca vége felé elérkeztem egy magas falhoz, valóságos erődítményhez, nem volt rajta se ablak, se semmi, csak a nagyon vastag, áthatolhatatlan fal. Előtte nagy fa, gázlámpa, a falon felirat, az utca neve, de nem tudtam elolvasni; felismerni véltem a Práter utcát vagy Nap utcát. Kétségbeesetten próbáltam megfejteni... És akkor csoda történt: korábban a lomb eltakarta az utcai lámpát, de egy kis szellő félrefújta az ágakat. Filmszerű lett az egész, és olvasható lett a tábla. Aranybetűkkel az állt rajta: Érc utca. Ugye az nyers-fém, azért

Vanitas, 2019

Reigl Judit Párizsban, 1950-es évek   Betty Anderson és Reigl Judit, 1950-es évek

le kell menni a mélybe, és meg kell tisztítani, finomítani. Később értettem meg, hogy ez azt jelenti, legalább negyven év munka vár rám, amiért először is nekem le kell mennem a legmélyebb pontra. Meg is történt. Hiszen nem a Luna Park, nem a Nap utca, nem az azonnali kirobbanó siker jutott nekem. Le kellett mennem a mélybe, alá kellett szállnom, hogy eljussak a – Mester utcába, ugyanis ott laktunk. Az eredmény meglett, hogy aztán milyen „mester", azt nem én döntöm el.

BETTY mindig vonzotta az embereket. Új barátokra is szert tettünk, londoni rajongói vagy követői pedig addigra már egy egész angol kolóniát alkottak körülötte.[178] Marcoussis-ban mindennapjainkat a földszinten

---

178 *Harold Hooper* [1924–1989] *angol festő, aki már Londonban is Betty barátja volt, a közeli Bagneux-be költözött. Nagyon jóképű, de lehetetlen ember volt, aki, mint művész, igen érdekes tudott lenni. Volt egypár, Morandira emlékeztető csendélete. Nem volt teljesen normális. Elment a henteshez, és azt mondta: „Egy szelet...", de nem tudta folytatni, a végén már amint meglátták, kinevették. Egy idő után már nem mert vásárolni. Amikor egy hónapra elmentem Londonba, odaadtam neki a szobámat. Egy halom üres szardíniásdobozt találtunk, amikor hazajöttünk, már csak azon élt. Agyvérzése volt, kinn a kertben érte, ott feküdt órákon keresztül. Hideg tél volt. Bevitték a kórházba, ott halt meg. Csak mi voltunk a temetésén. Betty egyszer feladott egy apróhirdetést: „E. N. Anderson rajzórákat szeretne adni kezdőknek." Egy szép napon csengetnek, egy hosszú, nagyon vékony, colos ember jött, aki, ahogy meglátta, hogy a rajztanár nő, abban a pillanatban el akart szaladni; leküzdhetetlenül félt a nőktől. Betty nem hagyta elmenni, mondhatnám örökre elbű-*

éltük, és csak ott lehetett bennünket meglátogatni. Az emeletre, ahol a műtermem és a hálószobánk volt – és ahová különben is csak saját kezűleg eszkábált lajtorjámon lehetett felmászni, amely mindenkit rögtön elijesztett –, idegen nem tehette be a lábát. Én odafent festettem, amíg Betty és tanítványai lent beszélgettek.[179] Az első dolog, amihez hozzákezdtem, miután végre lett egy igazi műtermem, a *Guanó* volt. A közelünkben lakó Székelyéknél tároltam elrontott vásznaimat, mindegyik négyrét összehajtva, egy nyitott fészerben, ahol csak tető volt meg oszlopok. Az eső és a hó beesett a régi, eldobott képekre. Ez mind segített nekem. Már 1958-ban felfigyeltem arra, hogy milyen érdekes, ami a kis leszakadt vászondarabkákon van, de praktikus okokból ki kellett hagynom néhány évet, és így 1963-ig érlelődött a *Guanó*. Évek óta tudtam, hogy a selejtvásznakból még csinálni fogok valamit, de csak a költözködés tette lehetővé. Ahogy már említettem, Bourg-la-Reine-ben vigyázni kellett az új parkettára, letakartam az elrontott képeimmel. Ami munka közben lerakódott mint selejt, az nekem termékeny föld lett. Nem átvitt értelemben, hanem valóságosan, de nem lehet pontosan meghatározni, mivel a guanó

---

[179] *völte. Sherly barátnőnk viszont, akibe beleszeretett, túl angolnak találta. A titokzatos úriember itt halt meg Párizsban. Sherly közben apácának ment, szerintem főleg Betty miatt, bár ő azt mondta, hogy törleszteni szerette volna „bűneit". Végül a Szegények Kis Nővérei rendbe került, ahol a nővérek megnevelték. Évekig tartózkodott Afrikában, de mióta visszajött, kéthavonta meglátogat, és eltölt nálam egy hétvégét. Többször is mondta, hogy talán mégse kellett volna apácának mennie. Amíg az emeleti műteremben festettem, minden szót hallottam, amit lent beszéltek, ezért Bettynek el kellett fogadnia, hogy nem nagyon örültem, ha jött hozzánk valaki. Tudni kell, hogy én nem szeretek csak úgy találkozgatni emberekkel, dolgozom, piszkos a kezem. Nem bírtam volna ki, ha nem kaptam volna meg a második műtermet, amely még nagyobb volt, és amelyet szintén nekem kellett rendbe hoznom, mivel ott addig csak lószerszámok voltak. Mennyit küszködtem ezzel is, és mindig pénztelenül, de Betty végig nagyon segített, örökké hálás vagyok neki. Nekem szerencsém volt Bettyvel, Bettynek pedig szerencséje volt az apácákkal, akiknek az iskolájában tanított kimondottan gonosztevő gyerekeket. Nagyra értékelték, és nagyon megbecsülték. Betty úgy tanította a bűnöző gyerekeket, hogy reprodukciókat és nagy rajzlapokat tett eléjük, és azt mondta nekik, próbálják meg lerajzolni. Az eredmény néha nagyon jó lett. Senki más nem tudott bánni velük, de amikor Bettyvel voltak, soha nem volt semmi baj. Betty kérdezte az apácákat, hogy miért nem viszik ki őket az épületből. Erre az volt a válasz, hogy mert mindig elszöknek, és két-három napig tart, amíg a rendőrök megtalálják őket. Kis prostituáltak voltak, félig arabok, szegény bevándorlóivadékok, akik semmiféle nevelést nem kaptak. Betty azt mondta a lányoknak, szedjetek virágot, nézzük meg ezeket a leveleket alaposan, és rajzoljuk le. Utána bevitte őket a kávézóba, de abban a pillanatban, mint a legyek a mézre, jöttek a fiatal férfiak. Az apácák tulajdonképpen emiatt nem akarták kiengedni őket. Erre Betty azt mondta a fiúknak, üljenek le szépen, a lányok majd lerajzolják magukat. Bettynek volt valami varázsa, tökéletes pedagógus volt. Egyik gyerek sem szökött el, érdekesebb volt Bettyvel maradni.*

születése maga is mindig egy folyamat. Inspiráltak a normandiai sziklafalak. A földben lévő kövületek érdekeltek, minden, ami úgy alakul, hogy rombolódik. A szél, a vihar, a hó, az eső alakította felszín. Mivel a vásznak mind legalább négyrét voltak hajtva, ezeket a hajtásvonalakat is felhasználtam. Az elrontott vásznakra rárakódik az idő, aminek a „vasfoga" el is vesz. Azt követtem kicsiben, amit a természet hoz létre évszázadok vagy évezredek alatt nagyban. A guanót trágyának használták, még a műtrágya előtt. Méteres vastagságú, csak le kell vágni, mint egy süteményt. Ahogy József Attila[180] írta: „...s lerakódik, mint a guanó, / keményen, vastagon".[181] A sorozat címét József Attilától kölcsönöztem, de amit csináltam, és ahogy csináltam, az életemből jött. A *Guanó* úgy született, hogy az eldobandó vásznat letettem a földre, jártam rajta, és ahogy dolgoztam, folyamatosan csöpögött rá a festék az aktuális munkámról. Amikor évekkel később kifeszítettem a vásznakat, nagy darab festéktömbök estek le róluk. Ami maradt, jórészt azt is levettem egy hajlított, legömbölyített végű karddal. Fogtam a kardot, és lenyestem vele az alakuló dombormű tetejét. Azután arról is levágtam a felesleget. Végül már majdnem homorú lett a kép. Állandóan cserélgetnem kellett a kiterített rétegeket, hogy a vásznak ne ragadjanak a műterem frissen öntött cementpadlójához. Végül sok vásznat kidobtam, de azt, amelyik már igazán guanószerű lett, megtartottam.[182] Egyébként én mindig térben festek. Szomszédunk, Pierre Székely mondta nekem: „Judit semmit sem csinál úgy, mint más."[183] Mindig azt csináltam, amit nem szabad – ahogy Picasso is mondta magáról.

---

180 József Attila (1905–1937): költő.
181 *A város peremén*, 1933.
182 R. J.: *Guanó*. „Hogy megvédjem az új parkettát, több réteg elrontott vászonnal (többnyire fehér felületre festett jelekkel, amelyeket nem lehet javítani) takartam le. Ezeken a rögtönzött ponyvákon dolgoztam, jártam, ezeket öntöttem le festékanyaggal, amely elfolyt, beitatódott, széttaposódott a lábam alatt. Ezek az ürülékszerű foszladékok az évek folyamán lassan egymásra rétegeződtek, mint a szigeteken a guanó. Mint képek teljesen megsemmisültek, nem léteztek többé, de átalakultak, termékeny talajjá váltak. 1962-től fogva újra kézbe vettem őket. Az eredeti fehér alap és a fekete írás nem létezett többé. Aszerint, hogy a vásznakra véletlenszerűen milyen réteg került, többé vagy kevésbé átitatódtak, megkeményedtek vagy tönkrementek, esetleg itt-ott elrongyolódtak. Folytattam. Egy utolsó réteget – többnyire fehéret – tettem rájuk, majd mindjárt le is kapartam róluk, amitől barázdások és homályosak lettek". Megjelent a *Judit Reigl* című kiállítás katalógusában. Párizs, Galerie Rencontres, 1973.
183 *Először látván a nagy méretű vásznakat, Pierre Székely – aki mindig büszke volt a humorára – azt mondta: „a nagyképű Judit", én meg azt feleltem szobrász barátomnak: „és a képtelen Péter.*

Reigl Judit műtermében, 1964   Reigl Judit és Betty Anderson, 1963

A *GUANÓKKAL* egyidejűleg folytattam a *Tömbírás*-sorozatot. A nagyobb műteremben nagyobb vásznakat tudtam festeni, de ahogy nőttek a vásznaim, formáim annál inkább emberszerűek lettek. Először jobbára csontvázakhoz hasonlítottak, később már izomzat is került rájuk. Most így visszatekintve négyfajta *Tömbírás*t tudok megkülönböztetni. A főleg korai színeseket, amelyek szicíliai emlékeimből és a *Dominancia-központ*okból eredhettek, és háromfajta fekete-fehéret. Az első: elképzelt öngyilkosságom grafikonjai, szabadesések, csak fölfelé. A második: a táncoló négyzetek, egyszerre mobilok és statikusak. A harmadik: az emberi test, amely egyre nyilvánvalóbban jelenik meg, akaratom ellenére is (IX. kép). Mindegyik fekete-fehér képemet azzal kezdtem, hogy nagy, tehénlepényszerű festékpacnikat csaptam fel a vászon aljára, amelyeket száradás közben felfelé irányuló mozdulatokkal dolgoztam el.

1965-BEN autóbalesetünk volt: jóbarátunk, Pierre Veret[184] felesége vezette szép új 3CV kocsinkat, mikor egy őrült elénk vágott. Kocsink ripityára tört, azonnal vitték a roncstelepre. Betty elájult, komoly fejsérüléssel szállították kórházba. Mivel a karom megsérült, egy évig nem tudtam úgy

---
184 Pierre Veret: francia üzletember, a Galerie Rencontres támogatója.

Reigl Judit marcoussis-i műtermében, 1960-as évek

dolgozni, mint azelőtt. Ekkor készítettem a *Súlytalanság állapota* és az *Írás zenére*[185] című, kis méretű szériáimat. Nem volt semmi szabály, amit követtem volna, azt festettem és rajzoltam, amire törött könyökkel képes voltam, csak azt, amit és csak úgy, ahogy éreztem. Helyhez és gúzsba voltam kötve, teljesen szabad akartam lenni.[186] Van egy *Súlytalanság állapota*-vászon Bostonban, a Szépművészeti Múzeumban (VIII. kép), amit még annak idején Tissának adtam. Olyan, mintha egy szikla gördülne le a

---

185   *Écriture d'après music*, 1965–1966.
186   R. J.: *Nincs törés. Az* Írás zenére *keletkezése.* „Úgy tetszik, nekem életre szóló feladatom a negatívum pozitívummá változtatása. Szüntelenül, újra meg újra megoldani végeérhetetlen problémákat. Ezt szolgálja a festészetem, elejétől fogva a mai napig, egy 1979-től 1984-ig tartó, különálló fázissal, amelyet *Folyamat*nak és a *Folyamat folytatásá*nak neveztem. Azóta ezt a címet adom minden munkámnak, egyik sorozat születik a másikból (panta rhei). Van egy kis formátumú sorozatom, papíron. Ez az *Írás zenére*, amely, úgy éreztem, az egyedüli törés ebben a folyamatban. 1965-ben könyököm csonthártyagyulladása miatt egy évig képtelen voltam nagy méretű képeket festeni, amihez, mint különben máskor, mindig az egész testem kell. De az asztalra támaszkodva csuklóból kis rajzokat tudtam készíteni, innen származik ez a törést jelentő *Écriture d'après musique*. A France Musique nonstop, nagyrészt klasszikus zenéjét hallgatva, igyekeztem nagyon gyorsan követni a zenét, s közben leírni, néha még a zeneszerző nevét is sikerült leírnom. Mostanában Y. G. barátom találó kérdései elgondolkodtattak, és ráébredtem, hogy (feltételezésemmel ellentétben) ez a sorozat is része a *Folyamat* egészének. Miért? Mert ahhoz a folyóhoz hasonlít, amely egy időre lemegy a föld alá, mint a Buèges folyó (amelyet 30 esztendeje minden évben örömmel látok viszont Hérault megyében), néha az a föld alatt folyik, és valamivel arrébb visszatér a napvilágra. Az egyidejű zene és írás révén felfogom, amit hallok, a ritmust, a lüktetést: a zene és a művészet eredeti forrását. A kezdet és vég nélküli életet. Ebben az áradatban lebegek, még csak nem is vágyom rá, hogy eljussak a tengerig, beérem a jelen pillanat üres teljességével." Megjelent a *Judit Reigl, encre de chine sur papier* című kiállítás katalógusában. Párizs, le Studiolo Galerie de France, 2012.

hegyoldalon. Az az érzése az embernek, de ez csak egy érzés, hogy a szikla gurul, valami miatt, talán van egy zökkenő, egy pillanatra megugrik és megáll, amíg át tudja billenteni magát. Ez nem is súlytalanság. Tulajdonképpen nem tudom, miért *Súlytalanság állapota,* mert van súlya. Egy hatalmas, guruló tömb biztos, hogy nem súlytalan... Azért mégis súlytalanság, mert valahogy egy pillanatra elveszti a súlyát a zökkenésben.

BETTY, aki tizenhat évig tanított hátrányos helyzetű gyerekeket, és belefáradt, nyitott egy galériát, a Galerie Rencontres-ot,[187] Veret támogatásával. Betty hat éven át minden évben rendezett nekem kiállítást, de azt hiszem, az összes művész közül az én munkám tűnhetett a legreménytelenebbnek. Sokszor hallottam: bejött egy ember, körülnézett, és azt mondta: hát ez fantasztikus... Ez a művész persze amerikai. Nem? Hát akkor mi? Amikor megtudta, hogy mi, lement a pincébe. Magyar? És nő? Visszament, nézte... Hát, nem is olyan jó... Először, másodszor, tizedszer, huszadszor. Ez volt a leggyakoribb, majdnem mindennapos. Lelkesedés, aztán... Vége volt, amint megtudták a tényeket. Mindig az igazat kell mondani, és nem csak azért, mert előbbutóbb az igazság kitudódik. Ez néha a legrosszabb pillanatokban történt, publikusan, a megnyitó kellős közepén. Most látom igazán: vagy egyáltalán

---

187 Párizs 1^c, 46 rue Berger, Betty Anderson galériája (1970-es évek). *Vásárló ritkán akadt, de Párizsban ott lehetett látni először Barnett Newman* [1905–1970], *Robert Ryman* [1930–2019] *és Agnes Martin* [1912–2004] *festményeit.*

nem fogadták el, amit csináltam, vagy ráhúzták, hogy női művészet, ami nekem a kézimunkát jelenti... A lenini „egy lépés előre, két lépés hátra".

AZ *Ember*-széria számomra meghatározó volt. Picasso egyszer azt mondta a televízióban: „Én nő vagyok." A művésznek szinte kötelező, hogy mind a két nem egyensúlyban legyen benne. Hantai Zsuzsa megjegyezte, hogy a férfifiguráimnak van herezacskója, de nincs hímvesszője, mire azt feleltem, hogy nekem is csak az van, bizonyára belül. Vannak az *Ember*ek között női figurák, bár sokkal kevesebben, mint férfiak. Arra, hogy több férfitestet festettem, sokféle magyarázatot találhatnék, de nem egy bizonyos indítékot. Ha átgondolom, akkor, amikor elkezdtem az *Ember*-sorozatot, a figurák álltak, a férfi- és női figurák is. Később a lebegő, repülő vagy zuhanó testekről mégis kiderült, hogy férfiak. A női test kevésbé alkalmas a repülésre... Még az is érdekes, hogy a figuráimat sokszor a klasszikus szobrászat ihlette. A művészetben, főleg a görögöknél, a női testet másképpen ábrázolják. A férfiak mozognak, a női test nyugalomban van. Az egyiptomi istenek előrelépnek; az istennők ülnek. A fekvő aktnak messzire nyúló festészeti hagyománya van. Amikor húszéves koromban nőket festettem, mindig horizontálisak voltak. Semmi erotikáról nem volt szó, úgy, mint a homokban... De mindig fekve. Giacometti[188] írta a naplójában, hogy a nőket mozdulatlanul, a férfiakat pedig sétálva formálta meg. Én olyan nő vagyok, aki úgy gondolkodik és fest, mint egy férfi, noha tudom, hogy mindig mindenki egyszerre mind a kettő. A nő bennem aktualizált, míg a férfi az látens. Minthogy női testbe születtem, miért csinálnék még többet abból, ami jelenleg vagyok?[189] Bettynek köszönhetően évekig tudtam nyugodtan dolgozni az *Ember*-képeken anélkül, hogy bárki bármit megkérdőjelezhetett volna. Ezzel szemben az *Ember*-széria kiállítása a Galerie Rencontres-ban teljes csőd volt. A műkritikusok felrótták nekem, hogy absztraktból figuratív lettem. Mintha ezek a kritikusok sose látták volna igazán a festményeket, melyek a szemük elé kerültek. Mintha egy festőnek – tisztelet a kivételnek –, amikor fest, lenne bármi különbség a figurális és az absztrakt között. Az *Ember*-széria kiállítása, helyesebben

---

188 Alberto Giacometti (1901–1966): svájci szobrász, festő.
189 J. G.-szöveg idézve: Denise Birkhofer–Benjamin Perl: *Judit Reigl: Body of Music*. Oberlin, Allen Memorial Art Museum, 2016.

annak letaglózó fogadtatása után hónapokig nem tudtam dolgozni. Az, hogy 1973-ban hogyan kezdtem el újra festeni, pont, amikor már reménytelennek tűnt az egész, az külön történet.

VOLT egy mozi a Montparnasse-on, amely a háború után nyitott ki, és a kilencvenes évekig működött. A műsorok óránként ismétlődtek, és főleg híradókból álltak. Megjegyzem, hogy nagyon régen nem voltam moziban. Nekem nem hiányzik, annyi belső mozi van bennem. Lehunyom a szemem, és órákon át jönnek a filmek. De akkor bementem, mert érdekesnek találtam, hogy nincs nagyfilm, csak híradók és egy-két rövid- vagy dokumentumfilm. Giacometti is említette ugyanezt a mozit, számára is fontos volt, mert amikor kijött, azt látta, hogy minden más lett, mint a vetítés előtt volt.[190] A mozi után az emberek mintha másképpen, különös dimenzióban mozogtak volna. Amikor kijött a vetítésről, Giacometti új világban találta magát. Én is pontosan ezt éreztem. Az egyik dokumentumfilmben az indiai kígyóbűvölő dupla sípjával elővarázsolta a kígyót a kosarából. És ahogy ott ültem nyugodtan, óriási ütés ért, nem fájdalmas, de elemi erejű. Mintha egy óriási tömegű test zúdult volna rám. Mintha nagyfeszültségű áram ütött volna meg, mintha villám csapott volna belém. Olyan sokk ért, hogy felugrottam. A nézőtéren rugós székek voltak, az ülésem fölcsapódott, akkora zajjal, hogy mindenki megfordult, és engem nézett. Amikor bementem a moziba, olyan részre ültem le, ahol nem ült senki, de messziről is mindenki meghallotta az óriási csattanást. A bejáratnál álló jegyszedő ijedten odaszaladt hozzám. A sokk akkora volt, hogy ez az élmény egyáltalán nem tűnt metaforikusnak. Rám szakadt egy tonnányi súly, bénító ütés ért, éppúgy, ahogy a kígyómarást jellemzik. Csak nem kívülről hatolt be, hanem belülről sugárzott kifelé, hihetetlen erővel. Engem sosem mart meg kígyó, de villám már csapott belém, és egyszer még elektromos áram is megrázott. Az érzés ugyanolyan volt.

---

190 „Ahelyett, hogy a vásznon lévő embert néztem volna, homályos, fekete foltokat láttam mozogni. Néztem az embereket magam körül, és úgy láttam őket, ahogy addig még soha... Tisztán emlékszem, hogy a Boulevard de Montparnasse-ra kiérve egészen másnak láttam az utcát. Minden más volt: a mélység, a tárgyak, a színek és a csend... Azon a napon a valóság teljesen átváltozott, és ismeretlenné vált." Georges Charbonnier: *Le monologue du peintre*. Paris, Guy Durier, 1980. 189–190. o. (Giacometti az eseményt 1945-re datálja.)

MIVEL már többször csapott le a villám mellettem is, nyugodtan mondhatom, hogy vonzom a villámokat. Az egyetlen alkalom, amikor telitalálat ért, a felsőbalogi művésztelepen történt, 1944-ben. A szabadban dolgoztam festőtársammal és barátommal, Bíró Antallal, és elkapott minket a vihar. Ahogy menedék felé rohantunk, festékesládánkat és állványunkat cipelve, a világ fölrobbant körülöttünk, és engem egy vakító fényű villám leterített. Azt hiszem, hogy a fa festékdobozom és főleg a festőállványom mentette meg az életemet, mintegy szigetelésül szolgálva vagy földelve a feszültséget. Elvesztettem az eszméletemet. Az első látvány, ahogy magamhoz tértem, Antal barátom torzonborz szakálla és döbbent arckifejezése volt. Halálra rémült, mert halottnak hitt. Amikor hátrébb húzódott, rádöbbentem, hogy egy disznótetemhez szorulva, sárral borítva fekszem az árokban. Önmagamhoz híven a következő, ami eszembe jutott, az Baudelaire[191] volt, mégpedig egy verse, az *Egy dög*.[192] Tizenöt évvel később Bourg-la-Reine-ben, bután vagy bátran, bicskával próbáltam megjavítani egy elektromos faliórát. A hokedlin állva belevágtam a drótba. Szerencsére a bicska nyele fából volt, ami a sokkot ezúttal is letompította. Csak a penge, amihez alig értem hozzá, vezethette az áramot. A padlón tértem magamhoz.

TEHÁT ahogy felugrottam a moziülésről, pontosan tudtam, mi történt velem. Csak az volt a különbség, hogy ezúttal mindent figyelemmel tudtam kísérni, mivel nem vesztettem el az eszméletemet, mint a két korábbi alkalommal. Ami nem volt sem kígyómarás, sem magasfeszültségű áram, ugyanolyan erősnek tűnt, csak meghatározhatatlannak. Később valaki azt mondta nekem, hogy ez nagyon hasonlít ahhoz, amit mi Kundalininek hívunk. Ki lehetett ez a „mi"? Gondolom, hogy valaki, aki keleti filozófiát tanult. Ez a bizonyos Kundalini-energia, ami a lágyékból ered, sugárzik vagy kitör, lentről fölfelé. Az egész festészetem ilyen: mindig alulról mozdul fölfelé. Csakis fölfelé. Ráadásul a Kundalinit a gerincoszlop alján összetekeredett kígyóként ábrázolják, és állítólag a gerincben érzékelik, elektromágneses áramlatként. Lehetséges, hogy részben halvány jógaismereteim váltották ki ezt az eseményt, amely mégis sokkhatású volt. Ahogy már említettem, addig is felfelé irányuló mozdulatokkal festettem,

---

191 Charles Baudelaire (1821–1867): francia költő, esszéíró.
192 *Une charogne*, 1857.

reflexszerűen, a vászon legalján kezdve az ég felé. Ezután viszont már tudatosan festettem így. Egész életemben minden ilyen volt, felejthetetlen és megmagyarázhatatlan. Minden mindennel összefügg – akár Jacques Monod[193] kötetének címében: *Véletlen és szükségszerűség*.[194] Elképesztő: valaki elmegy a legközönségesebb moziba, olyanba, ahol még nagyfilmet sem vetítenek, és megtörténik a rég várt csoda. Visszamentem a műtermembe, és hozzáfogtam a *Lepel/kódfejtés*-sorozathoz.[195]

AMIKOR festettem, sose foglalkoztatott más, mint a pillanatnyi feladat megoldása. Soha máskor nem használtam temperát, de a *Lepel/kódfejtés*-képek miatt – mivel nyilvánvaló volt, hogy a légies vászonra másmilyen festékkel nem festhettem volna – minden pénzemet beleöltem egy komplett szett temperába. Azelőtt fölvittem, majd levakartam a festéket. Ennél a sorozatnál teljes képeket takartam le, majd hívtam elő, egyfajta kinagyított frottázstechnikával.[196] A technika nekem mindig rendkívül fontos

---

193 Jacques Monod (1910–1976): francia mikrobiológus és genetikus.
194 *Le Hasard et la Nécessité*, 1970.
195 R. J.: *Használati utasítás a* Lepel/kódfejtés-*sorozat készítéséhez*. „1. Fedj le vékony lepedővel egy selejtes festményt az *Ember*-sorozatból. 2. Fesd meg a lepedő színét temperával, ami elég vékony ahhoz, hogy a nyomat a szöveten belül maradjon. A festék egyrészt átüt a finom szöveten, és ritkás üledékként ott marad, másrészt hozzárgad a selejtes mű szerkezeti maradványaihoz és kidomborodásaihoz. 3. Fordítsd vissza – a színezett oldal lesz a visszája, a lenyomat a színe." Megjelent a *Judit Reigl* című kiállítás katalógusában. Párizs, Galerie Rencontres, 1973.
196 R. J.: „Csak absztrakt festészet. 13 éven keresztül. Egyfajta tömbírás, fehér alapon. 1966 februárjától ugyanezek az írásjelek, akaratomtól függetlenül, sőt ellenére, egyre inkább antropomorf formát öltöttek, emberi torzókká alakultak. Eleinte alig észrevehetően, majd 1970-től egyre tudatosabban próbáltam beavatkozni, hogy hangsúlyozzam a kiemelkedő testek megjelenését. 1972 májusában körülbelül húsz vásznat mutattam be *Ember* [1966–1972] címmel a Rencontres-ban. Akkoriban úgy véltem, hogy előző hat évem törekvéseit helyesen elemeztem, amikor munkám folytatásához két következtetésre jutottam: 1. az embert a teljes felszabadulásig ösztönzöm, hogy a levegőbe emelkedjen; 2. ezt a festészetet érthetőbbé, hozzáférhetőbbé teszem. 1972 őszén a gyakorlat mindezt megcáfolta. Négy hónapon át rontottam el a vásznakat anélkül, hogy egy is sikerült volna. Abba kellett hagynom. Elemzésemmel nem tudtam a tudatalattimba – amely mindig a játékszabályok kijátszására kényszerít – hatolni. 1966–1970-es kezdeti áttörésem, amely a tudatalatti lázadásából származott – amennyiben ezt »az alantas értékek hozadéka« (G. Bataille) támasztotta alá, és amennyiben azok közé tartoztam, »akik ezt a kitörő erőt összegyűjtötték, és akik szükségszerűen lent vannak« (G. Bataille) –, ez az áttörés maga is fallá változott. Fallá, amely lassanként eltorlaszolta a nyílást (1971–1972), akkor, amikor megpróbáltam irányítani ezt a lázadást, és túl akartam lépni az ellentmondásokon, hogy elérjem célomat, a felszabadulást. A tudatalattim cserben hagyott. A gyakorlatban nem tudtam tovább követni az *Ember*t, aki ikaroszi menekülése közben felrepül. A felsőbbrendű embert kerestem burkolt formában? A szuperegót? Második következtetésemmel ugyanekkor beleütköztem »a racionális hasznosság kiiktathatatlan világába« (G. Bataille). Újabb fal!

volt. Nem önmagáért, hanem az új lehetőségért, amit nyújtott. Érzésből kell mindent csinálni, de a technikát meg kell tanulni, majd el kell felejteni, hogy jöjjön magától, amikor kell. Nincs technikai kérdés, a technika ott kell, hogy legyen minden mögött. Képeim egymást követik, egymásból következnek, de mindegyik más. Minden egyes szériámmal egy egész világ nyílt meg előttem. Egy másik életemben vegyész is szerettem volna lenni. Rendkívül érdekes, hogyan keverednek az anyagok. Néha úgy tűnt, mintha nem is festő lennék, hanem alkimista. A festészet elméletéről viszont ne beszéljünk, egy fityinget sem ér. Kandinszkijnak[197] is van egy elmélete,[198] az egy fokkal jobb, mint a többi, mert legalább ő festő volt, nem műkritikus, noha személy szerint nekem az övé se mond sokat. Minden ilyen teória csapnivaló dolog, nagyon jó festő nem is foglalkozik ilyesmivel, még Michelangelo sem, pedig naplót is vezetett, minden hét végén.

NEM szeretem a teóriákat, és biztos vagyok benne, hogy nincs is olyan, ami vonatkozna rám. Mindent magam csináltam, a magam módján, a vakrámát is, az alapozást is. Az alapozás számít, de ugyanúgy a hiánya: például amikor szűz vászonra, egyszerre két oldalról festettem. Gyakran semmi alapozót nem használtam, gessót pedig soha. Sokan megveszik a már alapozott vásznat, az a legvacakabb, és arra festenek. Én soha. A korai 1950-es évek óta csak a tempera *Lepel/ködfejtés*-sorozathoz használtam ecsetet, akkor se hagyományos művészecsetet, hanem a szobafestők által használt, széles meszelőkefét. A *Folyamat*-sorozat jeleit se igazi ecsettel, hanem egy maroknyi, botra tekert üveggyapottal tettem fel. Kalligráfiához

---

Ha ugyanis az egyiket – az ikaroszi szabadságvágyat – egyéni fantáziának tekintjük, a másikkal lehetetlenné tesszük belépésünket a valóságos világba, létfeltételünk színhelyére, ahol betagozódhatunk a társadalmi és politikai térbe. Most (1973 februárjában) megpróbálok áthatolni ezen a másik falon. A festett *Ember*ekre átlátszó lepleket teszek. Ily módon elfátyolozva elmosódottá, szinte nem létezővé válnak. Ezekről a megtagadott testekről nyomatot veszek, érintéssel, festékfoltokkal kibontva formájukat, lendületüket, dinamizmusukat, és feloldom a feszültséget, amit teremtenek. Felbontom, megfejtem, megsemmisítem a fekete embervázakat, az oltalmazó, fekete szerkezetet, amely mostanáig nélkülözhetetlen volt határozott vonalaival és teljes kontrasztjával a fehér háttér előtt. Alámerülök. A leplek színére festek, hogy a fonákjukat mutassam meg. Átjutok a teljes megsemmisülésen. Semmi bizonyosság; semmi kétségbeesés. Még siker se vár a túloldalon. Csak esély arra, hogy megtalálom a vágy áradatát, a test, a színek vibrálását, amit a Hegyek vénje [Cézanne] a *Fürdőző*kön olyan remekül eltalált." Megjelent a *Judit Reigl* című kiállítás katalógusában. Párizs, Galerie Rencontres, 1973.
197 Vaszilij Vasziljevics Kandinszkij (1866–1944): orosz festő.
198 *A szellemiség a művészetben (Über das Geistige in der Kunst),* 1910.

hasonlított papírmunkáim tengeri szivaccsal készültek. Már főiskolás koromban is szívesebben használtam a fémspatulát, mint az ecsetet. Sokféle fémeszközt használok – a kardtól a kisbicskáig. Az a lényeg, hogy a szerszám hajlékony legyen, és ne legyen hegyes. Használtam azt a fajta hosszú kést, amivel a nagy sonkákat vágják. Mindegyik képemet másképpen festem, de néha a széria magától alakul másképpen. Néha én vezetem őket, néha ők vezetnek engem. *Tömbírás* – egyik nap felteszem a feketét, száradnia kell, de van, amikor rögtön lehet folytatni. A *Bejárat-kijárat*ok mind korábban megfestett vásznakon vannak – *A fúga művészeté*in[199] (XIII. kép), a *Gomolygás, Csavarás, Oszlopok, Fém*eken, majd a *Hidrogén, Foton, Neutrínó*kon, amelyek eredetileg mind *Folyamat*ok voltak.

AMI nálam történik, az mindig egy folyamat. Mintha először járni tanulnék, majd járnék: egyik lépés a másik után – a *Folyamat*-sorozatokban a szó szoros értelmében. A kész képen a sorok párhuzamosak, de nem sorban írom a jeleket a képbe. Véletlenül ugyan, vagy hívjuk szükségszerű véletlennek, a vásznakon alkalmazott metódusom megegyezik a Pech-Merle-barlang proto-*Folyamat*ainak metódusával. Az *Írás zenére* mintegy kinagyított, neumaszerű[200] írásjeleit, ahogy megyek előre a vászon mellett, a kép ritmusának megfelelően, egyenként, hullámvonalban helyezem el, fent, lent, középen, úgy, mintha az éppen készülő *Folyamat* sorai – ahogy valaki mondta – elektrokardiográf-szerűen rögzítenék egy-egy utamat. Nem nagyítok fel semmilyen korábban rajzolt mintát, ez Franz Kline módszere, és ebben ő utolérhetetlen. Az 1965–66-os A4-es papírmunkák jeleit sérült könyökkel, kézfejből rögzítettem, a későbbi nagy vásznak jeleit teljes karból, egész testemet bevetve. A *Folyamat*-vásznakon, amelyeket két oldalról festek, minden mindenütt egyszerre van jelen.[201] A fényképészet soha nem érdekelt, de a kész vásznakat úgy vágtam

---

199 *Art de la fugue*, 1980–1982.
200 Korai hangjegyírás, amelynek neves magyar szakértője Reigl nagybátyja, Dévai Dostler Gábor volt.
201 R. J.: „Folyamat. Első fázis: A műterem egyik végében kezdve kifeszítek egy vég finom vásznat (240 cm széles), csak a tetejét rögzítem a falhoz támasztott – különböző méretű és dőlésszögű – régi képeimre. Ily módon az egész műtermet befedem, a különböző – hol előre-, hol hátraugró – síkok közt az összevissza elhelyezett képek közt űr marad. Egy falrészleten meg az ajtón a szövet függőleges lesz. Egy folyamatos, fehér felület hol tapad, hol elfordul, irányt változtat, a műterem sarkait letakarva, egyszerre van előttem és mögöttem, és véget ér, mert nincs több hely. Második

Reigl Judit marcoussis-i műtermében (egy *Guanó*-festménnyel), 1982 (fotó: Alan Kaiser)

szabványméretre, mint ahogy egy fényképész komponál a keresővel, és a látható kép egyszerre a negatív és a pozitív.

TÉRBEN dolgozom. Nem annyira festem, mint mintázom, megformálom a képeimet. Akkréció-erózió. Építés-rombolás. Mint a régi mesterek: minden ecsetvonásnyi festék visszakaparva az ecset szárával, csak nálam

fázis: Bekapcsolom a rádiót, keresek valami zenét, nem azért, hogy stimuláljon vagy megihlessen, hanem hogy lendületesebbé tegye mozgásomat és gesztusaimat, fizikailag hozzáigazítsa őket valami külső késztetéshez. Elindulok, minden lépésnél megérintem, pontozom, súrolom a vásznat egy zománcfestékbe mártott ecsettel. Hullámzó járással előrehaladva vízszintes kis foltokat helyezek fel (semmi forma, semmi írás, semmi vonal). Felülről kezdem, balról jobbra, először nyújtózkodva, azutan egyre lejjebb hajolva betöltöm az egész teret. Továbbra is hozzáigazítom testem ritmusát a zene frekvenciájához vagy a zene frekvenciáját testem ritmusához. Ha a zene abbamarad, abbahagyom, ha változik – másképpen folytatom –, egészen addig, amíg a teljesen dekódolt írás betölti a rendelkezésre álló felületet (csak ott hagyom üresen, ahol a festési mező mögött nincs semmi, vagy ha a csend, vagy a sarok, vagy a kiugró részek megtörik). Harmadik fázis: Feldarabolom a leplet, kiválasztom azokat a részeket, amelyek tetszenek; azutan megfordítom őket, megnézem a hátoldalt, vagyis azokat a részeket, ahol a színén hagyott lenyomatok bizonytalan színű foltokká váltak (mert a festék áthatolt, vagy éppen a szövet ellenállt). Ekkor festéket, akrilt és olajat vegyesen, viszek fel a kiválasztott forma egész felületére. Néha megismétlem a műveletet a visszáján vagy a színén, vagy mind a kettőn, amíg nem telítődik. A beírás folyamata immár benne van, kétféle olvasatot kínál, aszerint, melyik oldalt nézzük. Amikor a vásznat bekeretezem, hol a hullámzó lenyomatok tűnnek elő, hol pedig az átszűrődött színfoltok." (1973. december.) Megjelent a *Judit Reigl* című kiállítás katalógusában. Rennes, Maison de la Culture, 1974.

sokszorosan felnagyítva, és ennek megfelelő céleszközöket használva. Sokkal több kép nem sikerül, mint amennyi igen, s akkor vagy átfestem, vagy eldobom őket. Képeimnek több mint a felét kidobtam, és sokat annyiszor festettem át, hogy a végén mégis ki kellett dobni. Kidobtam jó képeket is, de még mindig úgy gondolom, hogy jobb túl sok képet kidobni, mint nem eleget. Néha zenére dolgozom, vannak Bach-,[202] Mozart-, Beethoven-korszakaim. Mozarthoz kötődik a *Folyamat*-sorozat, Bachhoz *A fúga művészete*, Beethovenhez pedig a *Tömbírás*. Szintén Beethovenre utal mostani rajzsorozatom, a *Haláltánc:* ezek a rajzok az én *Diabelli-variáció*im.[203] Éveken keresztül legtöbbet Bachot hallgattam. Nagy kedvencem az, aki megölte a feleségét: Gesualdo.[204] Bach mindenekfölött és mindig; rögtön utána Mozart és Schütz,[205] Pergolesi,[206] Gabrieli,[207] Monteverdi[208] – korai barokk zene, amelyet Bettyvel közösen fedeztünk fel, még mielőtt divat lett volna. Végül is minden összefonódik a képeimben: a zene, a tánc és a festészet – van bennük egy ritmus, ami eredeti és eredendő.[209]

NEM szabad keverni a színeket. Persze nem lehet ezt leírni, ez nem törvény, nem szabály. Mitől jó egy festmény? A harmóniától. Legtöbbször a

---

202 Johann Sebastian Bach (1685–1750): német zeneszerző.
203 *Az utolsó hanglemez, amelyet végighallgattam, négy évvel ezelőtt, még amikor a* Haláltánc-*sorozat elején tartottam, az a* Diabelli *volt, Kurtág Márta [1927–2019] előadásában.*
204 Carlo Gesualdo (1566–1613): olasz zeneszerző.
205 Heinrich Schütz (1585–1672): német zeneszerző.
206 Giovanni Battista Pergolesi (1710–1736): olasz zeneszerző.
207 Giovanni Gabrieli (1557–1612): olasz zeneszerző.
208 Claudio Monteverdi (1567–1643): olasz zeneszerző.
209 R. J.: „Lényegében a szűz, nagyon vékony, alapozatlan vászon valóságos teréről, vastagságáról, fizikai mélységéről van szó. Valamint a téridőben játszódó valóságos, fizikai mozgásról: a vászon mellett megyek, zománcfestékbe mártott ecsettel finoman érintem a vásznat, a festék oldalról beíródik a vászonba, ugyanakkor keresztben is áthatol. Összeáll egy festékréteg, láthatóan mind a színén, mind a visszáján. Azután hosszú, egyre bonyolultabb, pontosabb, koncentrált festési munka révén ez a tömeg lassan átmegy észlelhetetlenből észlelhetőbe. Több réteg szín felhordása a vászon visszájára, amely fokozatosan tovább vastagítja a látszólag üres (beírás nélküli) felületeket, paradox módon a festékréteg lassú eltűnését váltja ki, a szövet belseje felé tolja, remegését megszünteti, szinte az eltűnésig lapítja. Néha az első fázisban megállok, vagyis kiaknázom azokat a lehetőségeket, amelyeket a vászon színén egymásra felhordott akrilrétegek nyújtanak. Néha a szövet színén folytatom a műveletet, a hangsúlyos, dinamikus második, tasztítás-átiadódás fázist. De legtöbbször egyesítem a két eljárást mind a vászon színén, mind a visszáján, ingatag és bizonytalan egyensúlyban, a feltűnés/eltűnés határán, a halál születésének küszöbén. Két életre volna szükségünk." Megjelent a *Peindre* című kiállítás katalógusában. Párizs, Galerie Rencontres, 1974.

legolcsóbb ipari festékkel festettem. Egy dobozt megtartottam, hogy legyen referencia. Kék-fehér bádogkanna, csak korom és lenolaj van benne. Soha életemben semmilyen médiumot nem használtam, mivel azok ártanak a színeknek. Festő ismerőseim kérdezték, mi lesz így a képeimmel harminc év múlva? Szépen alapoztak, enyvet főztek, de a képeik már régen elporladtak, az enyémeknek meg kutyabajuk sincs. Nagy szerencsém volt Londonban, mivel Betty jól ismerte a tizennyolcadik század óta létező Winsor and Newton céget, ahol a legjobb festékeket és festékporokat lehetett venni a világ minden tájáról, viszonylag megfizethető áron. Itt ismertem meg a földfestékeket. A színek, amiket a legjobban szeretek, mind föld. Olaszországban szép színes földek vannak: Terra Pozzoli, Rouge de Venise, Rouge de Rome, Terre Verte – azt régen csehszlováknak hívták, talán onnan jön, nem tudom, a cseh részről vagy a szlovákról. Talán inkább a csehről, a szlovák részt jobban ismerem. Egész életem a fekete szín, annak a megszelídítése, annak az asszimilálása volt: megtalálni azt a kevés, nagyon kevés színt, amivel lehet párosítani. A kékben van valami enyhe, lágy, megnyugtató; a kobalt az nagyon szép, néha a tenger ilyen, néha a víz, az ég. Nekem a kék kozmikus erő, kozmikus kapcsolat. Mennyi eget ismertem; ezer kék van, millió kék van, megszámlálhatatlan sok kék. Ultramarin, az a kemény, majdnem fekete, olyan tengerszín, amilyet csak Szicíliában lehetett látni.

NEM tudom, honnét jött nekem a lila; többfajta is van nálam, mintha semmi közük se lenne semmihez. Olyan lila, mint amilyen bizonyos képeimen látható, a természetben talán nincs is. Erre nincs magyarázatom. Az olaszok nem is használnak lilát. Nem is alapszín, pedig én büszke voltam arra, hogy én nem használtam csak alapszíneket. Valami különleges tünemény; esetleg a virágokban lehet ilyen. De azt a bizonyos lilát, amelyet sose láttam, nekem mégis szükségszerű volt használni. Egy ilyen lila *Ember*-festményem is van. A lila színnek több változata van. Bíborcsiga talán nincs Európában, ki tudja, honnan hozták. Talán valami féldrágakőből állítják elő. Van benne valami fenség. Talán kéket tesznek a bíborba. Nekem a lila mindig tetszett, van benne valami misztikus. Nálam barna nincs, és mégis van az umbre naturale, nagyon szeretem, de az nem igazi barna. A barna színt utálom. Van az égetett sziéna, az nagyon szép, az melegbarna, az kivétel. Az inkább bronz, semmi köze a barnához, nem is szabad kimondani, mert akkor elborul az agyam. Használtam a cinket, ami vékony, áttetsző, azzal nagyon jól lehet dolgozni. A titán az vastagabb és súlyosabb, jobban takar, érdekes a kettővel játszani. Magamnak adtam ilyen feladatokat, hogy mit is lehet mindebből megérteni.

A ZÖLDET nem szeretem, mert az a sárga és a kék keveréke, a lombok meg a nyár, sokszor unalmas. Pedig vannak gyönyörű zöldek, Veronesénél[210] is meg Tintorettónál.[211] Volt egy német zöld festék, ami megfelelt a víz színének, mert az vihar után zöld lesz. A Balaton is zöld lehetett vihar után, mert tizennyolc éves koromban írtam egy verset: „A végtelen vizek szerelmese vagyok / A végtelen zöld vízé / amerre elláthat szemem gáttalanul / gáttalanul amerre ellát." A zöld szerintem elcsépelt, közönséges szín. Túl sok van belőle, a katonák is zöldek. Ausztriában mindenki olyan volt, mint egy stüszivadász: szürke és zöld, még 1947-ben is. Engem felháborított. Egy festő talán érzékenyebb az ilyesmire, mint az átlagember. Magyarországon is minden barna és zöld volt. Magyarországon nincsenek színek, csak ha az ember kimegy a természetbe. Felnőttkoromra, Olaszországban tudtam meg, milyen szép színek vannak, mintha addig vak lettem volna, és hirtelen csoda történt: látok! Piero della Francesca színekben nagyon gazdag; arezzói freskói szerencsére jól megmaradtak. Mikor először láttam Giottót, csalódtam. Ha egy tunika piros volt, a mellette levő, mintha az árnyéka lenne, zöld lett, és ez engem nagyon zavart, noha nem tudtam rájönni, miért. Rossz volt nézni, ahogy Padovában restaurálták a freskókat: elemlámpával és ecsettel a kezükben pingáltak. Ez szentségtörés. A régiek talán csak nappali világnál festettek, vagy nem is kellett látniuk, mert olyan érzékük volt. Mivel kevés festék volt, akkor nem kevergettek. Michelangelónak nem is volt szüksége színekre.

AUTÓBALESET, csonttörés, kiállítás: ezek voltak az akadályok az én különben áldottan egyhangú, boldog marcoussis-i életemben. Időnként ebben a folyamatban maga a kész munka is akadályt jelentett. Ezeken is át kellett hatolnom, ezeket is ki kellett kerülnöm, vagy le kellett győznöm ahhoz, hogy tovább dolgozhassak. A kozmikus *Dominancia-központ* végén alámentem az akadálynak, később, a *Súlytalanság állapotá*nál, fölé.

---

210 Paolo Veronese (1528–1588): olasz festő.
211 Jacopo Tintoretto (1518–1594): olasz festő.

Az első *Folyamat*-képek légiesek, majdnemhogy áttetszőek voltak, de a *Folyamat folytatása*[212]-festményekben azt vettem észre, hogy a festék lehetetlenül megvastagodott. Egyre több réteget tettem föl, és talán több festéket is használtam rétegenként. A végén a vásznakat vízben oldott fémporvegyületekben áztattam, amely keverékekről csak később tudtam meg, hogy robbanékonyak. Még az a szerencse, hogy nem cigarettáztam, egy szikra, és a fél utca felrobbanhatott volna. Ezúttal is, mint általában egy-egy sorozat végén, fal előtt találtam magam – saját kezűleg felrakott festék alkotta, áthatolhatatlannak tűnő fal előtt. Az volt az egyetlen megoldás, hogy át kellett törnöm a falat. Festettem egy téglalapot, egy átjárót. A kapu már a *Guanó*knál is megjelent, majd a *Folyamat*-sorozatban is, vagy mint szükségszerűség, vagy mint motívum. Minden sokféle eredetből származott, többféle élményből, befolyásból. Végül ebben az átjáróban, úgy, mint húsz évvel azelőtt egy *Tömbírás*ban, feltűnt egy ember. Az első *Szemben...* készítésekor a Lázár-figura Ravennából. Mindig ugyanoda lyukadok ki: minden szériámnak azért lett vége, és azért kezdtem újba, mert egy bizonyos ponton túl már nem lehetett ugyanúgy folytatni.

A FESTÉSZETEM fejlődése: keresem az utat, hogy továbbmehessek. Ez az utam, nincs cél, csak állomások vannak. Az ember mindig úton van. Mindhalálig. Néha tíz éven át folytattam egy sorozatot, átélve, ahogy fejlődik, ahogy tisztul szinte észrevétlenül. Néha húsz, harminc, ötven kép után jutok el valahova. Lassan alakul, igyekszem ellenőrizni, de nem mindig sikerül. Hetven évig álmodtam arról majdnem minden éjjel, hogy mit kell majd festenem, amikor felébredek. Marcoussis-ban töltött, több mint ötven évemen át csendben, szerényen, szegényen dolgoztam. A Galerie Rencontres után a Galerie Yvon Lambert-nél is megfordultam, utána következett a Galerie de France, ahol Catherine Thieck, ez az elbűvölő, macskaszerű nő mindig a legjobb helyre tette a képeimet. Catherine-nal, aki azóta is jóbarátom, igazán szerencsém volt. Kétévente rendezett nekem kiállítást, és az ő odaadó munkájának is köszönhetem, hogy ahogy múltak az évek, egyre több múzeumban állítottak ki. Nem mindegy, mekkora a kiállítóhely, a nagy méretű képekhez távolság kell. Nagy öröm volt, amikor első komoly kiállításomon a Musée

---

212 *Suites de déroulement,* 1980–1985.

d'Art Moderne de la Ville de Paris-ban[213] valamelyik *Ember*t negyven méterről láthattam, egy hosszú folyosó végén. Sokáig csak Maurice Goreli vett képeket, amikor pénzre volt szükségem, 1980-tól pedig Catherine Thieck küldött havi tízezer frank előleget, vagy húsz éven keresztül. Nagy összeg volt abban az időben, amely elég volt arra, hogy nyugodtan tudjak festeni. Kilencvenhét éves leszek nemsokára, de mindössze tizenöt éve tudok megélni abból, amit eladok. Pénzért sose festettem volna. Sosem arra gondoltam, hogy pénzt ér a kép, rossz festő lennék, ha erre gondoltam volna. Megfestettem, amit akartam, arra kellett koncentrálni, hogy a kép, amit festek, igaz legyen.

UTAZNI is egyszerűen, szerényen szeretek, mint élni. New Yorkot, ahol 1982-ben voltam először, sétálva ismertem meg. Mindenki azt mondta, meglátod, milyen sötét, sosincs nap. Pedig a felhőkarcolókon tükröződött a nap. Ezer nap vett körül. Tissánál szálltunk meg, aki mindössze száz méterre lakott a Metropolitan Múzeumtól, úgyhogy mindig ott kezdtem a napot. Emlékszem, amikor másodszor voltam New Yorkban, a pénztárosnő nem akarta elhinni, hogy már elmúltam hatvanéves, tehát ingyen mehetek be. Azt meg talán én nem hittem volna el, hogy még életemben ott lesznek a képeim kiállítva. Akkor pont nem volt nálam igazolvány. Ezt csak azért mesélem, mert úgy látszik, velem mindig van valami baj. Amikor jöttem visszafelé, a reptéren csörgött a fémdetektor. Egy kis kés beleakadt a kabátom bélésébe, és egy jó félóráig tartott, amíg ki tudtam rázni onnan, majdnemhogy eldobtam dühömben. Minél inkább nem találták, amit kerestek, annál gyanúsabbnak tartottak, de a végén furcsa módon ők mentegetőztek. Hollandiai utunkról – egy Malevics[214]-kiállítás miatt mentünk el 1989-ben – jó emlékeim vannak, pedig nagyon rosszul kezdődött. Lassan ment a vonat, kimerülten érkeztünk. Először szállodát kellett találni. Különös, meglepő zsivaj fogadott mindenfelé. A királynő születésnapja volt, meg egy orvoskongresszus. Este hattól mászkáltunk, nem találtunk szobát, csak bordélyt, de oda nem mentünk. Sokba is került volna, mert húsz percekre adták ki. Reggel fél háromkor az utolsó telt házas szállodában azt mondták: „Adok maguknak egy ötletet. Menjenek el

---

213   *Judit Reigl.* ARC 2, Musée d'Art Moderne de la Ville de Paris, 1976.
214   Kazimir Szeverinovics Malevics (1879–1935): orosz festő.

taxival egy folyóparti luxusszállodába." Előző nap a német barátainkkal találkoztunk, az egyikük ezerötszáz márkát nyomott a kezembe. Lakosztályt kaptunk, az egész pénzünk ráment. A fal tiszta üveg volt: a királynő születésnapja miatt különlegesen kivilágított város félelmetesen gyönyörű volt. Másnap reggeltől estig a múzeumokat jártuk. Malevics után – nagyon szeretem a csillagász Malevicset, ő nemcsak földi festő volt, hanem egy kozmikus fenomén: Malevics, amikor rossz, akkor is jó – Rembrandt.[215] Azután Van Gogh,[216] majd Frans Hals[217] feketéjének huszonhét árnyalata, amiről Van Gogh írt. Ennivalóra nem maradt egy fillérünk sem, tehát éheztünk – mint Olaszországban negyven évvel azelőtt.

1984-BEN néhány képpel részt vettem egy nemzetközi kiállításon Madridban, akkor két napig ki se mozdultam a Pradóból. Ugyanazzal a lelkesedéssel jártam a termeket, mint amikor először láthattam együtt imádott mestereim képeit 1946-ban, a bécsi Burgban. Az ember mindent megtanul, amit a festészetről tudni lehet, ha Tizianót, Velázquezt[218] és Goyát egyszerre lát. A *IV. Károly és családja*[219] Goyától: hátborzongató. Néhány lépésnyire *Az udvarhölgyek*[220] Velázqueztől – amelyre Goya utal –, sokak szerint és jó okkal, a legfantasztikusabb festmény. Általában véve Velázquez, mint festő, mindenkinél jobb, bár nehéz ilyet mondani, de én még csak nem is szeretem különösebben, nem úgy, mint Tizianót, nem tudom, miért. *Az udvarhölgyek* az maga a valóság, ahol kép, tükörkép, festő, néző egyszerre van jelen, de kedvenc Tiziano-festményem, a *Marszüasz megnyúzása*[221] – amelynek részleteit szerintem Velázquez tudatosan idézi –, az maga a véres valóság. Ezen a vásznon – amelyet egy évvel madridi utam előtt láttam kiállítva Londonban – nemcsak minden és annak tükörképe érzékelhető egyszerre, hanem minden és annak az ellenkezője is. A szatír szenvedő arca, mivel fejjel lefelé lóg, tulajdonképpen mosolygós arc is, és a kedvenc részletem, a kutya – amely olyan élvezettel lefetyeli a vért, mint ahogy a néző csodálja a mellbevágó jelenetet – az a boldogsággal

---

215 Rembrandt Harmenszoon van Rijn (1606–1669): holland festő.
216 Vincent van Gogh (1853–1890): holland festő.
217 Frans Hals (1582 körül–1666): flamand festő.
218 Diego Velázquez (1599–1660): spanyol festő.
219 *La familia de Carlos IV*, 1800.
220 *Las Meninas*, 1656.
221 *Supplizio di Marsia*, 1570–1576.

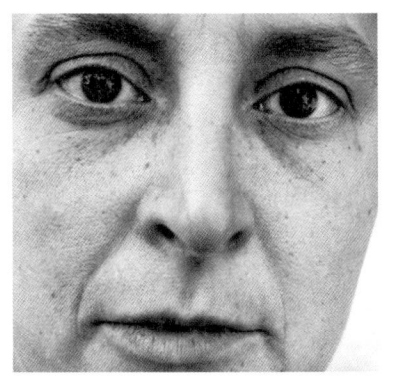

Reigl Judit 1960-as évek   Reigl Judit, 1989

telített horror. *Az udvarhölgyek* – Velázquez utolsó, de nem öregkori műve
– életkép: a festő és a festészet allegóriája. A *Marszüasz megnyúzása* – Tiziano utolsó műve, halála küszöbén – kínhalál: a művész életének és halálának döbbenetes valósága. Apolló, azaz a művészet nyúzza meg az öntörvényű művészt. Tizianónál következetesen együtt van minden, mind képileg, mind minden egyes ecsetvonásban. Amikor festettem, Tiziano színei, technikái, morbiditása, anélkül hogy gondolnom kellett volna rá, szemem előtt voltak. Számomra Tiziano a legnagyobb, nem is kérdéses, utána Piero della Francesca és Masaccio. Ötszáz év elmúlik, és a kép él. Raffaello[222] Madonnáinak nem tetszettek a színei. Az *Önarckép*:[223] nagyon jó. Az öreg, kegyetlen pápa, *II. Gyula portréja*[224] remekmű. Raffaello nagy művész volt, de néha tudott nagyon gyenge lenni, amint ezeket a Madonnákat rendelésre festette. Michelangelo túl erős volt – izmai mesterségesek, felfújtak, de csodálatos módon. Meghitt találkozásaim vannak a régiekkel. Van bennük valami érzékenység, ami a mostani emberekből hiányzik. Úgy tekintem mindezt, mint egy égi ajándékot, amit ráadásul még rögtön szét is lehet szedni, azután össze lehet rakni, és akár el is lehet rontani, úgy, mint a gyerekek a játékaikat karácsonykor. Ha a régiekre gondoltam, minden festészeti problémám azonnal meg volt oldva. Nem a múltba kellett visszatekintenem, önmagamba tekinthettem, mert amit

---

222 Raffaello Sanzio (1483–1520): olasz festő.
223 *Autoritratto,* 1504–1506.
224 *Ritratto di Giulio II,* 1511.

Michelangelónál találtam, nekem szerves részem lett, mióta először láttam fekete-fehérben reprodukálva, még gyermekkoromban.

AZ ÖTVENES években a művészek ránézésre olyanok voltak, mint a bankárok, ügyvédek, közjegyzők. Hozzájuk képest a mostaniak ápolatlanok és piszkosak. Amikor egy kiállításon láttam amerikai művészek alkotásait, meggyőződtem, hogy sokkal jobbak, mint a franciák. Mark Rothko[225] volt önmagának a legkegyetlenebb bírája. Kedvencemet, Willem de Kooningot állítólag élete végén bezárták egy szobába, csak egy matrac volt benne és nagy vásznak. Pocskolás volt, ez már nem az igazi De Kooning, halálos bűn. Van egy pont, amin túl már nem érdemes művésznek lenni. Jackson Pollock, miután 1953-ban visszatért a figuratív felé, már nem tetszett – ugyanis számára, velem ellentétben, igenis volt különbség a figuratív és az absztrakt között. Különben rajzolni nem tudott sem ő, sem Max Ernst, de mindkettőjük keze nyomán egész világok születtek. Nem győzöm eleget hangoztatni: Ernst is, Matta is nagyon közel áll hozzám. Salvador Dalí[226] eredetileg őstehetség volt, de megrontották a szürrealisták meg a pénz. Legtöbbször nem tudtam elviselni. De volt benne valami – nem lehet letagadni, hogy zseni volt. Jean Fautrier[227] nagyon jó – erős, naturális csendéleteket is festett. Jean Dubuffet mindig nagyon hatott rám, 1954-ben láttam a Cercle Volney-ban egy csodálatos kiállítását. Rokonságot éreztem Yves Kleinnel,[228] mert, akárcsak én, ő is elutasítja, hogy a vászon véges, és az emberek a földhöz vannak kötve. Klein volt az egyetlen, akiről kétségen kívül éreztem, hogy egyszerre feltaláló és zseni. Még az ötvenes években elmentünk Bettyvel James Bishophoz Blévybe. Bishoppal jóban voltunk, de ha az ember látott tőle egy képet, akkor mindet látta, ezt szó szerint lehet érteni. Ugyanazt a képet megfestette hatszor, hatvanhatszor. Giorgio Moranditól[229] láttam egypár jó képet; Betty nagyon szerette, egyik kiállítását megnézte háromszor is. Joan Mitchell nem annyira jó, mint Morandi, csak néha. Nagy sztár lett, de Amerikában csak a halála után, addig nem vettek róla tudomást, mivel Franciaországban élt. Az egyetlen nő volt,

---

225 Mark Rothko (1903–1970): orosz származású amerikai festő.
226 Salvador Dalí (1904–1989): spanyol festő.
227 Jean Fautrier (1898–1964): francia festő, szobrász.
228 Yves Klein (1928–1962): francia festő.
229 Giorgio Morandi (1890–1964): olasz festő.

aki teljes mértékben megállta a helyét. Tiszteltük egymást, noha kezdetben Joannak komoly konfliktusa volt velem, mivel utálta Simont, és amíg azt hitte, jóban vagyok vele, engem is. Joan nem volt nőies, de úgy emlékszem, szép volt. Bettyvel – aki Joan barátját, Jean-Paul Riopelle-t[230] ki is állította – jóban volt, de kellemetlen is tudott lenni, barátunkra, Marcelin Pleynet-re[231] egyszer ráuszította a kutyáját. Pleynet szerette volna, hogy kiállítsak a Supports-Surfaces-csoporttal,[232] amelyet azután ő akart feloszlatni, de végül magától feloszlott. Közöttük Marc Devade[233] volt a legjobb, de ő is eltűnt. Azt gondolom, hogy a mi időnkből talán Francis Bacon[234] a legerősebb. Minden igazi festő más, és engem mindegyik érdekel. Még az is, aki kevésbé jó – nem számít. Mindenki és minden.

NÉHA az ember feszegeti a világot, néha betör a külvilág. Henry Moore *Óvóhely*-rajzai megrendítőek, de a témát nem ő választotta, hanem a Luftwaffe. 2001. szeptember 11-ét követően hozzáfestettem néhány meglévő képemhez az éppen lerombolt New York-i Twin Towerst, majd új vásznakkal folytattam életem – mint utóbb kiderült – utolsó előtti festménysorozatát, a *New York, szeptember 11., 2001*-et[235] (XVIII. kép). Amikor 2005-ben Betty beteg lett, egy vagy két évig alig tudtam festeni. Teljes erőmmel őt ápoltam, abbahagytam minden mást, egyetlen pillanatnyi megbánás nélkül. Azt gondoltam, amit meg kell csinálni, azt pontosan és jól kell.

---

230 Jean-Paul Riopelle (1923–2002): kanadai festő, szobrász.
231 Marcelin Pleynet (1933–): francia költő, műkritikus.
232 Avantgárd művészcsoport az 1970-es években.
233 Marc Devade (1943–1983): francia festő.
234 Francis Bacon (1909–1992): angol festő.
235 *New-York 11 septembre 2001,* 2001–2007. R. J.: „Amikor szeptember 11-én a televízióban néztem a New York-i Twin Towers lerombolásának képeit, mint mindenkit, engem is szörnyű sokk ért. Azután újabb sokkot kaptam, amikor láttam a lezuhanó embereket, mert az egész személyesen érintett. Zuhanó testeket láttam a képernyőn, ami pontosan az én festészeti problémám (az 1960-as évek óta). Amikor a kép megállt, a testek mintha inkább felfelé mentek volna, mint lefelé, vagy valamilyen meghatározatlan űrben lebegtek volna. Igen, több sorozatban éppen azt próbáltam megoldani a festészetben, amit a képernyőn láttam, 1966 óta a mai napig. Először egy figuratív sorozatban, azután 1974-től 1988-ig egy absztraktban, és azután ismét testekkel. Ugyanaz a zuhanás, ugyanaz a lebegés, ami valójában függőleges gomolygás, de az absztraktokban lehet vízszintes is. 2001 novembere óta az újabb, *New York, szeptember 11., 2001*-sorozatban ugyanaz a mozgás folytatódik, néhány új részlettel, amelyek valamilyen valóságos helyet, falrészletet, tetemeket, lángokat idéznek". Megjelent: „Eloge de peinture: Propos de Judit Reigl recueillis par Claude Schweisguth en novembre 2002". *Artabsolument.* Paris, No. 4, printemps 2003. 24–29. o.

Áldozatról szó sem volt, természetesnek találtam, hogy egy évig semmi olyasmi, mint művészet, eszembe se jutott. Minden kihalt belőlem, vágy, munka; a művészeti ambíció már a halála előtt levált rólam, mint októberben egy falevél az ágról. Én nem tudok működni a magam erejéből. Betty halálával az egész világom összeomlott. Átéltem, amit kellett, még a halált is, és kiüresedtem. Akkor megjelent a Semmi. Azt hittem, soha többet nem fogok tudni dolgozni. Három hónapig űr volt körülöttem, helyesebben farkasszemet néztem az űrrel. Azután felébredtem. Nagyon furcsa volt. Olyasmi érzés, mint 1954-es és 1973-as – úgymond művészi – válságaim. Ez nem mindenkivel történik így, ez egyéni. Egy darabig mennek a dolgok, azután jön egy megszakítás. Van egy reménytelenség, tétovázás vagy elveszettség, és utána: ébredés. Akkor valahogy belülről jött a sokk, ami kisegített ebből az eltemetkezésből. Hogy is mondjam: egy belső fénypont, egy vetített út a szabadba. Amilyen váratlanul ért minden megszakítás, annyira meglepett minden újrakezdés. Betty halála után csak a *Folyamat IV. fázis/antropomorfizmus*[236] (XIX. kép) poliptichon vásznait festettem. A poliptichont Betty síremlékének is nevezhetnénk. Utána egy-két évig még átszabtam néhány régebbi, elrontott képemet, valamint rajzoltam is vászonra, de 2008 óta nem festek nagy méretű vásznakat.

A FESTÉSZETEMRŐL nem gondolok semmit. Mindig becsületesen tettem mindent, a többi nem az én dolgom. Én lennék az utolsó festő? Ami Giottóval kezdődött, az szerintem mára le is zárult. A festészet már nem is érdekes, a fényképészet megölt mindent. A festészet ma már sokaknak unalmas, mert munka, nyugalom, türelem, idő kell hozzá. Ennek vége... Véletlen, vagy talán „objektív véletlen" – amit Breton kitűnően megfogalmazott –, hogy utolsó, említésre méltó vásznam az egy egyszerű, majdnemhogy gyerekszerű rajz, amely ráadásul az egyik első ismert műalkotást idézi. Engem is meglepett, amikor a fehér vásznon szinte magától megjelent egy húszezer éves barlangrajz híres részlete. Lascaux-ban, egy huszonöt méter mély kürtőben, egy bölénytetem és egy rinocérosz között látható az általam is, emlékeimből megrajzolt bot, madár és egy haldokló vadász vagy egy transzban vonagló sámán madármaszkban, Giacometti halálfejére emlékeztető, tátott szájjal. Giacometti, aki sok mindenben

---

[236] *Déroulement Phase IV/Anthropomorphie*, 2008.

befolyásolt, egyszer a vonaton megismerkedett egy halálos beteg, holland férfival, aki megkérte, hogy kísérje el Velencébe. El is ment vele, majd egész éjszaka mellette maradt egy kis, Velence melletti szállodai szobában, ami nagy hatást gyakorolt egész életére. Giacometti életművében mindig jelen volt ez az eset: egy öregember halála. S ebből származott az a halálfejképe. Az én utolsó, 2010-es, Lascaux-t[237] idéző vásznamon (XX. kép) a vadász vagy varázsló ugyanilyen tátott szájjal látható. Fel lehet ismerni a Giacometti-féle velencei embert, akinek a halálát végigasszisztálta, és akire mostanában hasonlíthatok, amikor alszom.

KILENCVENEDIK születésnapom előtt volt két emlékezetes álmom. Azért mesélem az álmaimat, mert Betty halála óta tulajdonképpen nem történt velem semmi fontos. Az első álomban az egyik sarokban, a fal előtt volt egy fehér gömb, olyan, mintha keveredett volna egy élő állat és egy labda. Selymes, finom szőre volt, vagy talán nem is szőr, hanem egészen zsenge fű. Ez én voltam. A másik oldalon, a fal előtt volt egy fekete gömb; nem biztos, hogy fekete, de sötét. A fehér labda valahogy félt, de úgy gurult tovább, mintha nem félne. A gömbök be akartak menni a falba, de nem tudtak, mert a rések vagy üregek nem voltak elég nagyok. Éreztem, hogy bajban vannak, nem tudom, miért, és hogy mindkettő félt valamitől. Jó ideig néztem őket, már majdnem velük szenvedtem, hogy mi lesz. De nem tudtam segíteni, mintha a földbe gyökerezett volna a lábam. Egyre keservesebben próbáltak menekülni, néha félig beleférték a lyukakba, néha egy kicsit sem. Nagyon drámai lett a helyzetük. Az utolsó pillanatban éreztem, hogy valami történni fog, de hogy mi, azt nem lehet tudni, és akkor ez a selymes szőrű, szép fehér labdaféle megszólalt, nem tudom, hogy magyarul-e vagy franciául: „Engem nem szabad bántani." A második álomban egy kapu előtt álltam, nem is igazi kapu, inkább kunyhóba illő, kis ajtó, barna fából. Nekitámaszkodott egy ember az ajtófélfának, és nézett kifelé. A világ kint elképesztően színes volt. Volt egy végtelenbe vesző, zöld mező, nagyon zöld, majdnem haragoszöld, és volt benne egy kis rózsaszín út, nagyon világos rózsaszín ösvény, és abban még egy, erősebb rózsaszín, már majdnem piros. Ott ment egy szép, krinolinos ruhájú nő, csak ment és ment, egyre messzebb. Az ajtófélfának támaszkodó ember pedig nézte, nézte, és egyre

---

237 *Lascaux*, 2010.

ijedtebbnek tűnt, nem tudom, miért. Mindig volt valami ijedség is ezekben az álmokban. Vissza akarta hívni a nőt, de valahogy nem jött ki hang a torkán. Arckifejezése egyre drámaibb lett, végül felkiáltott, nagyon hangosan, mert a nő csak haladt tovább a végtelenbe, és nem reagált semmire. Szóval a férfi egyre jobban félt, a végén nagyot ordított, hogy megállítsa, de nem sikerült. És akkor jöttem rá, hogy az a hétköznapi férfi, aki az ajtófélfának támaszkodik, én vagyok. És ugyanakkor az elmenő rózsaszín dáma is. Szóval, hogy együtt vagyok mind a kettő.

KILENCVENEDIK évem nagy választóvonal volt. Magamban nem éreztem változást, de vagy elment, vagy elfogyott az erőm. Fél évig egyszerűen nem dolgoztam, utána meg úgy éreztem, hogy már nem is akarok többé. Volt egy hatméteres *Folyamat*-vásznam 1975-ből, amelynek félbehagyott kapuját asszisztensem – és mondhatnám védőangyalom –, Sabine Boudreaux segítségével 2015 nyarán sikerült befejeznem. Pontosan negyven év: ez volt az utolsó adósságom, ezután nem tartoztam magamnak semmivel. Amikor Giacomettit a Montparnasse-on elütötte egy motor, azt mondta: „Na végre történik velem valami!" 2015 novemberében éppen lejöttem a létrán az emeletről, és már a szőnyegen álltam, amikor összecsuklottam. Nem estem el, nem botlottam meg, nem volt semmi külső ok, hatás, erőszak. Hogy történhetett ez? Álltam a szoba közepén, és egyszer csak magamba dőltem, mint az a régi, legalább ezeréves torony Velencében, a Szent Márk téren, amely összeomlott, pont úgy, mint én, hang nélkül, dráma nélkül, ok nélkül, délben, amikor nem járt arra senki. Negyven évvel ezelőtt megállapította egy orvos, hogy csontritkulásom van. Gyorsan elfelejtettem; ha elkezdtem volna vigyázni magamra, az akadályozhatott volna a munkámban. Sose foglalkoztam ezzel a problémával. Felcipeltem az emeletre az ötven kilókat, hatalmas bálákat, tartályokat, zsákokat. Egyébként mindig ügyesen tudtam esni, ami most öregkoromban, mivel egyre gyakrabban megtörténik, nagyon is hasznomra válik. Annyiszor estem el úgy, hogy nem tört el semmim. Felsőbalogon egy szamárról is leestem. Van egy fénykép, ahol én fogom a szamár fülét, és húzom az állatot, Antal meg tolja. Sörénye sem volt a szamárnak. Felültem rá, Antal még biztatott is. Nem gondoltam, hogy egy szamár ilyen ravasz: elindul, azután hirtelen megáll. Megérdemeltem, hogy felém rúgott, de ha a fejem öt centivel közelebb lett volna, már húszéves koromban meghaltam volna.

Vanitas, 2018

MOST meg is lepett, hogy nem tudtam felkelni a földről. Egy hónappal összeomlásom előtt megröntgeneztek, lefényképeztek, ez a fénykép meg kell, hogy legyen valahol. Akkor még nem láttak és találtak semmit, miközben pontosan az történt velem, amit régen megjósoltak: lassú csontritkulás. Két és fél óráig feküdtem a padlón. Nem azt gondoltam, hogy borzasztó, hanem azt, milyen szerencsém van, hogy reggel történt. Nekem mindig szerencsém volt a szerencsétlenségben. Eltört a csípőcsontom. Műtét közben végig azt gondoltam, miért hívnak szerelőket pont akkor, amikor éppen engem operálnak, mert végig ott kopácsoltak a közelemben. Azután kiderült, hogy engem kalapáltak. Az a rossz, ha az ember próbál a sorsnak ellenállni – akkor a sors összetöri. Amikor egy hónappal később hazahoztak a kórházból, megágyaztak nekem a beépített padkán, az alsó szinten. De én nem bírtam ki egy éjszakát se, és felmásztam létrámon az emeletre, hogy a saját ágyamban tudjak aludni. Mindenki szörnyülködik azon a meredek, tizenöt fokos létrán, amin már közel hatvan éve naponta többször is fel-le mászom. Nehézkesnek tűnik – pedig miután Betty egyszer leesett, és jól összetörte magát, rászögeltem egy korlátot –, de nekem ez így nagyon jó. Nem kell mindig a legkönnyebb megoldást választani. Úgy mászom rajta, mint egy ősmajom vagy ősember. Úgy mászom, mint ahogy az aszkéták másszák meg Lajtorjás Szent János mennyekbe vezető létrájának harminc fokát,[238] csak fordítva: amikor majd nem tudok többé fölmászni, akkor lesz vége ennek az egésznek.

AZ EMBERISÉG nagy része egész életében süket és vak. Én csak tizenöt éve nem hallok jól, és talán öt éve, hogy már látni is alig látok. Most jöttek rá, milyen zseniálisak voltak a dinoszauruszok. Az ember elképzelt egy pici fejet, egy nagy, buta testet, de a farkuk végén, nem tudom, hol, vagy a hasukon, vagy talán mindenütt voltak olyan pontok, amelyeken keresztül mindent együtt érzékeltek. Mi vesztesek vagyunk velük szemben: minden ponton volt egy kis intelligenciakapcsolatuk a világgal. Van bennem valami dinoszauruszféle; érzem, amit nem hallok-látok, ezerszer volt rá példa. Például amit most rajzolok, nem látom élesen, de talán így jobb.

---

[238] Jóannész Klimakhosz (575 körül–649): szír szerzetes, egyházi író. A lelki élet fokait bemutató műve a *Paradicsom lépcsője* (*Klimax Paradeisou*). Reigl itt arra a Sínai-hegyi Szent Katalin-kolostorban lévő, híres ikonra utal, amelynek reprodukcióját a saját létrája előtti falra tűzte ki.

A paradicsom lépcsője, 2019

Ez a vonal itt egy ujjongó gyerek lett. Nem ezt akartam, de most itt van két ilyen kar, kitárva az ég felé. Nem tudom, mit rajzolok, de még mindig valamit. Mostanáig nem is rajzoltam fejből. A rajzolás segít emlékezni, viszont már nem tudok rajzolni. Mi a rajz? Egy vonal, ha Hokuszai[239] lennék, akkor egy elég is lenne. Egyik rajzomra azt írtam: „Help".[240] Ez jutott eszembe. Hogy már szabaduljak meg a rajztól, mert az tart életben, most az maga az élet nekem. Kicsi koromtól kezdve nem szerettem aláírni a rajzaimat, később meg a képeimet. De hát a múzeumok, a képkereskedők meg a gyűjtők miatt kénytelen voltam – előbb csak a hátoldalán, utóbb rábeszélésre elöl is. Most, mivel minden új rajzom akár az utolsó is lehetne, a dátum is fontos lett, így a rajzokat datálom, valamint aláírom, mert már hamisítanak is, pedig anonim szeretnék lenni, mint a középkori művészek. Emlékszem a budapesti Anonymus-szoborra[241] a Városligetben, nagy hatást tett rám a titokzatossága, az arctalansága.

NINCS nosztalgiám semmi után, mert a világ megy előre, de megértem, ha valakinek van. Magyarországon születni, az egy súlyos hendikep. Sose vágytam vissza. Amikor visszamentem meglátogatni unokatestvéreimet, az volt a benyomásom, hogy minden lelassult, nem mozogtak az emberek, minden statikus volt. Ha ma visszamennék, már senkit sem találnék ott, akinek valaha örültem. Ottó öcsém Olaszországból az Egyesült Államokba akart menni, de végül is Argentínában kötött ki. Mindent kibírt: Patagóniában villanyoszlopokat szerelt fel a nagy szélben. Nagyon jókezű volt, vérbeli gépészmérnök, született műszaki zseni. Soha nem tanulta, de az autótól a repülőig minden rögtön ment neki. Pedig ő volt az, aki leszólt a körhintáról, hogy szédül... És én még csúfoltam is. Az a legjobb vicc, hogy később pilóta lett. Halála előtt azt mondta nekem: „Azért te mindig erősebb voltál." Egyetlen, Budapesten maradt barátom, Böhm Poldi rég meghalt anélkül, hogy feleolyan jó festő vált volna belőle, mint amilyen a tehetsége szerint lehetett volna. Bíró Antalt utoljára akkor láttam, amikor még jóval Magyarországon bekövetkezett halála előtt leutaztam Mentonba meglátogatni a zárt osztályon. Antalt sok mindenre megtanította az

---

239   Kacusika Hokuszai (1760–1849): japán festő, fametsző.
240   „Segítség!" (angol).
241   Ligeti Miklós (1871–1944) szobrász műve, 1903.

Apa és lánya, 2018

élet, azután ő tanította nekünk az életet, de néha rátelepedett az őrület. Emlékszem: dinnyét vittem neki és csokoládét. Keze-lába oda volt láncolva a székhez, a szék meg az asztalhoz. Úgy örült, mikor megérkeztem, amint meglátott, felállt, felemelve asztalt, széket, láncot. A feje tele volt tűzdelve EEG-elektródokkal. Letépte a zsinórokat, én futottam ki a konyhába segítségért. Énekeltem neki, mire megnyugodott. Egy óra után azt mondta: „Te nem vagy Judit, csak elvetted feleségül." Van egy pillanat, amikor az ember túljut mindenen. Ez nem személyhez kötött, ez általános emberi élmény. De előfordulhat, hogy valaki, mint jóbarátom, Antal, „megakad a plafonban", hogy őt magát idézzem. Hantai Simon Párizsban, Zugor Sándor és Tissa David New Yorkban halt meg.[242] Tissával évtizedeken keresztül mindennap telefonáltunk egymásnak; utoljára tíz perccel a halála előtt beszéltem vele. Ő haldoklott, de azt ismételgette nekem: „Szegény Judit." Azután belenevetett a telefonba. Megkérdeztem, min nevet? „Mindenen" – válaszolta. Meghalni könnyű, élni nehéz.

SZERETEM, ha jönnek, és meglátogatnak néha, de nekem nem rossz egyedül se, soha nem unatkoztam, és most se unatkozom. Nem tudom, mi a boldogság, én elégedett vagyok.[243] És szabadnak érzem magam, talán azért, mert festő lehettem. Nekem létszükséglet volt a festés, ami mindent megoldott. Az életem van benne. Én nem irányítom a munkám, csak elvégzem. A megoldás múlik rajtam. Most, mire odajutnék, hogy megkeressek

---

242 *Amikor Tissa Párizsból Amerikába költözött, új életet akart kezdeni. Mesélte, hogy minden korábbi ballépését meggyónta, soha többé nem fog törvénybe ütköző – a törvényen a tízparancsolatot értette – dolgot elkövetni.*
243 R. J.: *Minden művészet boldogság.* „Minden jól sikerült, szakmailag megoldott műalkotás boldogság. Az igazi kép, a jól megfestett kép feltétlenül sikeres önmagában, függetlenül témájától, lelkileg romboló vagy negatív töltetétől (Goya: *A háború borzalmai*, Picasso: *Guernica*, Van Gogh: *Hollók a gabonaföld felett*). Még ha szerzőjük rögtön utána öngyilkos lesz is. Cézanne bizonyos vásznai, néhány kép a *Montagne Saint-Victoire*-ok vagy a *Fürdőzők* közül duplán sikeresek. Maga a festő állapítja meg: »Úgy érzem, a végtelen összes árnyalatát viselem magamon. Eggyé váltam a festményeimmel.« Matisse hegedűse (*Hegedűs az ablakban*, 1917) éppúgy, mint Paul Klee *Főút és mellékutak*ja (1928, 1929 eleje), szintén ebbe a kategóriába tartozik. De nem a téma miatt. Ezek a képek a festésük alatt átélt boldogság állapotát testesítik meg. Milyen állapotot? Olyan tapasztalatról van szó, amelyet képtelenség hitelesen közvetíteni vagy leírni. Ritkán, nagyon ritkán, de megtörténik, hogy festés közben a test pontos, tökéletes eszközzé válik. Az eggyé vált Tudattalan és Tudat simán tanúvá válik. Tanúvá, aki meglepve, sőt csodálattal érzi meg az Egyetemességet, az Időnkívüliség – az Időtlenség mint Vagyok – berobbanását az Itt és Mostba." Megjelent: *Cahiers de psychologie de l'art et de la culture*. Paris, No. 16, 1999.

Help, 2017

mindent, a szivacsot, a tust, mire megtalálnám, addigra már vége lenne az egésznek. Ha festeni próbálnék úgy, mint régen, meg se tudnék állni a lábamon. Nem ihletem volt, hanem energiám. Az, ami első gyerekrajzaimat motiválta, még mindig mozgat. Erre a fizikában van egy jó kifejezés: tehetetlenségi erő. Ide jutottam: nem tudok dolgozni. Szeretnék engedelmeskedni magamnak, de már nem tudok. Képtelen vagyok magamnak új megbízatást adni. Ott kezdődik, hogy nem találnám az eszközöket. János, ha Ön nem szerezne be és adna mindent a kezem ügyébe, már vagy tíz éve nem csinálnék semmit. János az egyetlen, akinek a jelenléte nem zavar, amikor dolgozom, sőt bevallom, munkámhoz – életkorom miatt – nélkülözhetetlen. Így beszélgetni se tudnék mással, helyesebben a művészetről igen, de az életemről biztosan nem. Rokon lelkek vagyunk. Pontosabban erre van egy jó magyar mondás: egy húron pendülünk. Én leéltem az életem, János most leírja életem történetét, amelyet írás közben – János kérésére – én még illusztrálok is. Ha az életművem festményeimmel már le is zárult, amit most rajzolok, az olyasmi, mint egy zenésznek lehet egy fárasztó koncert után a ráadás. Lehet egy ráadás, lehet több, lehetne akármennyi: ujjgyakorlatok, a közönség örömére. Fáradt vagyok, még mielőtt nekikezdek, de jólesik rajzolni, és amennyi erőmet elveszi, még több erőt ad. Úgy rajzolok most, mint hároméves koromban, mindazt, ami azóta történt velem, amerre jártam és amit láttam – és amit mostanában néha látni vélek.

GYÖNYÖRŰ életem volt, vagy ha nem is gyönyörű, akkor érdekes, de mindenképpen tanulságos. Hihetetlen szerencsém volt, rettenetes nehézségek közepette. Nekem mindig a folyamat volt a fontos. Önmagamhoz szigorú vagyok. Soha sapkát nem hordtam, mert tudom, hogy elvesztettem volna. Magyarországon gyermekkoromban mindenki hordott, csak én nem. Szeretem, ha a fejem levegőzik. Sálat sem hordtam, magaviseletből mindig rossz voltam. Alá kellett volna íratni a szüleimmel a bizonyítványomat, de sose írattam alá, valamit mindig kitaláltam. A műterembe néha besüt a nap. Télen mindig nyitva volt az ajtó, az az elvem, hogy ha még hidegebb lesz, akkor be tudom csukni. Ez volt a szerencsém: egész életemben képtelen voltam részt venni bármiben is. Ha férjhez mentem volna, és gyerekeim lettek volna, jobb életem lett volna? Egész életemben ösztönösen cselekedtem, sokszor jobb belátásom, akaratom ellenére. Nem lehet egy vadállatot arra kényszeríteni, hogy úgy viselkedjen, mintha

Gát János-portré, 2020

idomítva lenne. Azt hiszem, Bartók Béla[244] mondta: „A villámot nem lehet ipari áramra kapcsolni." Nekem mindig is vad természetem volt. Ez nem azt jelenti, hogy harapnék vagy ugatnék, hanem hogy elvonulok, bezárkózom. Persze, nem tudsz kilépni abból, amibe sosem léptél be. Én nem tudtam belépni. Ez az én születési hibám. Egy idő óta egy teljesen költői világba merültem. Minden megváltozott és átszellemült. Egész más látásmódot ad ez az állapot. Vigyázat: ritkán használom azt a szót, hogy szabadság! *Quod licet Iovi, non licet bovi.*[245] Kilencven év után meg fordítva: *Quod licet bovi, non licet Iovi...* Nyomoronc lettem, de – most kimondom – szabad. Néha valahogy darabokban vagyok. Mintha épphogycsak össze lennék kötve spárgával. Ami fontos, az megvolt vagy meglesz. Sokan segítettek, de sose kértem segítséget egész életemben. Most már írhatjuk: innentől nem földi hatalmakkal lesz dolgom.

NEM én alakítottam az életemet, hanem az élet alakított engem. A fatalizmusommal elég jól elboldogultam. Nehéz életem volt, nehéz, de mégis, nem tudok mást mondani, csak azt, hogy szép. Hogy ez igaz-e? Igaz, mert érzem. A lényeg, hogy az van, amit az ember érez, de hogy ez így van-e szélesebb vagy tágabb körben? Nem mondhatom, hogy nem voltak nagyon szép dolgok: voltak. Negyven és ötven év között lehettem, amikor nézegettem egy nagy kalendáriumot. Gondoltam, mi lesz 2000-ben, láttam: hetvenhét éves leszek, borzalmas! Kilencvenhét éves vagyok. És nekem az akkor úgy tűnt, hetvenhét év az elérhetetlen. Az emberben mindig együtt van a kettő, munka és szerelem, de az öregkorban ez kettéválik, és marad az, amit az ember belülről érez, és az, ahogy van a világban. Nekem most már kettő lett az, ami azelőtt össze volt fonódva, és ha még egyáltalán maradt valami, az nem személyes. Amikor Michelangelo öregkorában már nem tudott felmászni a lovára, a lova letérdelt, olyan megértő volt, ilyen is előfordulhat. Kései szonettje: „Nyugtot nem ad ma már ecset, sem véső, / a szív csak égi szerelemre vár, / mely a kereszten int, kitárva karját."[246] Ide lehet eljutni, ezt lehet elérni. Nem csak a legnagyobb zseni, öregkorára mindenki megengedheti magának a semmittevést, miután egész életében

---

244 Bartók Béla (1881–1945): zeneszerző.
245 „Amit szabad Jupiternek, nem szabad a kisökörnek" (latin).
246 *114. szonett (Sonetto 114).* Rónay György fordítása.

Életfa, 2018

úgy dolgozott, mint egy igásbarom. Kicsit gondolkoztam a világ során meg magamon. Mindig csináltam valamit, most már nem csinálok semmit, csak rajzolok néha, és azt is eszembe kell juttatni. „Már kifelé áll a szekerem rúdja" – mondják még ezt? Nem lehet tudni, mi lesz a végén, pedig állítólag csak azt lehet tudni biztosan. A variációk száma végtelen. Ugyanaz, mégis más tükröződés.

TELJESEN kívül vagyok az időn, pedig nekem az idő nagyon fontos, maguk az évszakok; együtt élek az idő múlásával. Szememben a világ nem változik, mert kezdettől fogva úgy éltem, mint most. Ráadásul vagy túlnőttem a problémáimon, vagy azok törpültek el mellőlem. Semmi hiányérzetem nincs. Az élet megy tovább. Kilencvenhét évesen meg kell elégedni azzal, hogy még e földön vagyunk. Én meg is vagyok elégedve. Adatott és elvétetett. Örvendezzünk. Jó lenne, ha a nirvánába kerülnék, de talán még nem érdemlem meg. Filozofálhatnék, mint egy buddhista, de én nem vagyok az. Semmi vallásosság nincs bennem, habár édesapámhoz hasonlóan valamilyen formában Lazarus vagyok. Öt-hat éves koromban a temetőben megkérdeztem édesanyámtól, mit jelent a „Feltámadunk"-felirat, és ez a kérdés azóta is foglalkoztat. Annyi mindent átéltem ebben az életben, nem biztos, hogy újjá kellene születnem. Az emberek mindig vágynak arra, amire testileg képtelenek, és amit csak a művészeten keresztül közelíthetnek meg, vagy érhetnek el, ha szerencséjük van. Valahol leírtam, hogy életem művészi problémája „a repülés"; nem a repülőgép, maga a repülés érdekel. Mindig is volt bennem egy belső kényszer, hogy homlokommal érintsem, mint Horatius,[247] a csillagokat.[248] Már nincsenek vágyaim, de Lautréamont-t idézve ugyanúgy mondhatnám azt is, hogy még mindig csillapíthatatlanul szomjazom a végtelent. Kész vagyok eggyé válni az űrrel.

---

247 Quintus Horatius Flaccus (Kr. e. 65–Kr. e. 8): római költő.
248 „Fennkölt homlokomat csillagokig vetem!" *Carm.* I., 1. Horváth István Károly fordítása.

Itt a vége, fuss el véle, 2019

NÉVMUTATÓ

(A félkövér számok a képaláírások oldalszámát jelzik)

Ágota, Cataniai Szent 58
Anderson, Betty 51, **51**, 52, 54, 59, 60-64, 67-69, 76, 80, 81, **82**, **84**, 85-87, 89, 90, 94, 96, 97, 99, **99**, 101, 102, 109, 110, 116-119, 122
Auguszta Mária Lujza 18
Bach, Johann Sebastian 55, 109
Bacon, Francis 117
Bálint Endre 63
Bartók Béla 130
Bataille, Georges 106
Baudelaire, Charles 104
Beethoven, Ludwig van 76, 109
Benzi, Roberto 46
Birkhofer, Denise 102
Bíró Antal 31, 32, 37, **38**, 44, **44**, 46, 48, 51, 52, **60**, 61, 62, 72, 79, 104, 120, 124, 126
Bíró (Hantai) Zsuzsa 31, 61, 62, 77, 79, 102
Bishop, James 92, 116
Boccaccio, Giovanni 54
Bognár Róbert 71
Bonifác, VIII. 24
Bosch, Hieronymus 42, 71
Boudreaux, Sabine 120
Böhm Lipót (Poldi) 31, 32, 42, **44**, 46, **49**, 51, 52, **60**, 61, 69, 72, 124
Braque, Georges 61, 77, 83
Breton, André 5, 20, 21, 72, 79, 80, 83-86, 88, 118
Brueghel, Pieter 33, 42
Caesar, Julius 54
Cerami herceg (Domenico Ruggero Rosso) 55, 58
Cézanne, Paul 61, 77, 106, 126
Chaplin, Charlie 82
Charbonnier, Georges 103
Correggio, Antonio da 42
Csontváry Kosztka Tivadar 41, 42, 63
Dalí, Salvador 116
Dante Alighieri 52
Dávid Teréz (Tissa David) 30, 31, 33, 38, 64-66, 68, 70, 71, 77, 80, **84**, 100, 113, 126
De Chirico, Giorgio 40
Derkovits Gyula 63
Devade, Marc 117
Dévai (Dostler) Gábor 25, 26, 107
Drouin, René 74, 80, 87
Dubuffet, Jean 74, 116
Duccio di Buoninsegna 69
Duchamp, Marcel 83

Dürer, Albrecht 71
Egry József 63
Empedoklész 26
Erdei Viktor 29
Ernst, Max 71, 74, 83, 116
Esterházy család 8
Farkas István 29, 63
Fautrier, Jean 116
Fellini, Federico 46
Ferenc József 18
Fiedler Ferenc (François Fiedler) 30
Fournier, Jean 20, 87, 92, 93
Gabrieli, Giovanni 109
Gallé Tibor 29
Garbo, Greta 30
Garibaldi, Giuseppe 56, 58
Gát János 5, 128, **129**
Gesualdo, Carlo 55, 109
Giacometti, Alberto 102, 103, 118-120
Giorgione da Castelfranco 62
Giotto di Bondone 24, 48, 52, 69, 111, 118
Giuliano, Salvatore 56
Gogh, Vincent van 114, 126
Goreli, Maurice 81, 83, 92, 113
Goya, Francisco José Goya y Lucientes 33, 71, 114, 126
Greco, El (Domenikosz Theotokopulosz) 33, 50
Grünewald, Matthias 90
Guggenheim, Peggy 61
Gulácsy Lajos 63
Hals, Frans 117
Hantai Simon 20, 21, 31, 32, 37, **44**, 60, **60**, 61, 66, 76-81, 85-87, 92, 93, 117, 126
Hantai, Daniel 77
Hérakleitosz 26
Hokuszai, Kacusika 124
Holbein, Hans, ifjabb **39**
Homérosz 59
Hooper, Harold 96
Horatius, Quintus Horatius Flaccus 132
Horváth István Károly 132
Hölderlin, Friedrich 38
János, Lajtorjás Szent (Jóannész Klimakhosz) 122
Jorn, Asger 74
József Attila 98
Justinianus (I. Iusztinianosz) 51
Kandinszkij, Vaszilij Vasziljevics 106

Karafiáth Jenő 27
Kardos Tibor 45, 60
Kelly, Ellsworth 61, 74, 76
Kerényi Károly 55
Klee, Paul 126
Klein, Yves 116
Kline, Franz 62, 107
Kohner Zsófia 29
Kollár Júlia (Reigl Júlia) 8, 9, **19**
Kooning, Willem de 61, 74, 116
Kurtág Márta 109
Lautréamont (Isidore Lucien Ducasse) 71, 72, 79, 132
Leonardo da Vinci 76
Loo, Otto van de 83, 93
Lorenzetti, Ambrogio 69
Losfeld, Éric 84
Lossonczy Tamás 63
Lukács, Szent 5
Lukács György 55
Madách Imre 26
Malevics, Kazimir Szeverinovics 113, 114
Martin, Agnes 101
Masaccio (Tommaso Cassai) 48, 115
Mathieu, Georges 20, 21, 87
Matisse, Henri 31, 64, 77, 126
Matta, Roberto 74, 83, 116
Mednyánszky László 63
Michaux, Henri 87
Michelangelo di Buonarroti 26, 76, 106, 111, 115, 116, 130
Mitchell, Joan 92, 116, 117
Modod, Jacques 105
Monet, Claude 67
Montessori, Maria 23
Monteverdi, Claudio 109
Moore, Henry 68, 71, 117
Morandi, Giorgio 96, 116
Mozart, Wolfgang Amadeus 76, 109
Newman, Barnett 101
Ottlik Géza 55
Paál László 63
Pacelli, Eugenio (XII. Pius) 28
Pascal, Blaise 89
Péret, Benjamin 85
Pergolesi, Giovanni Battista 109
Perl, Benjamin 102
Picasso, Pablo 61, 64, 71, 77, 98, 102, 126
Piero della Francesca 48, 111, 115
Pilinszky János 5, 54, 55, 71, 72
Pleynet, Marcelin 88, 117
Pollock, Jackson 61, 74, 116

Raffaello Sanzio 115
Ravailles 89
Reigl László 12, 14, 16
Reigl Antal 8, **15**
Reigl Ottó 14, 26, 44, **49**, 60, 71, 124
Rembrandt, Harmenszoon van Rijn 114
Riopelle, Jean-Paul 117
Rónay György 130
Rossellini, Roberto 46
Rothko, Mark 116
Rubens, Peter Paul 42
Rubljov, Andrej 64, 70
Ryman, Robert 101
Saly Németh László 34
Saura, Antonio 84
Schütz, Heinrich 55, 109
Sjöholm Ádám 69
Sólyom László 63
Somogy, Marie 81
Stein, Gertrud 77
Sutton, Sheryl 5
Szapphó 55
Szegedi Ernő 55
Székely Péter (Pierre Székely) 40, 93, 97, 98
Szelvarádzsan Jeszudián 36
Szentgyörgyi István 25
Szervánszky Péter 55
Szikora Antal 33, 51
Szókratész 26
Szondi Lipót 19, 34
Szőnyi István 31, 62
Theodóra császárné 51
Thieck, Catherine 112, 113
Tintoretto, Jacopo 111
Tiziano Vecellio 62, 114, 115
Valentino, Rudolf 18
Varga Nándor Lajos 63
Vélazquez, Diego 114, 115
Veret, Pierre 99
Verne, Jules 26
Veronese, Paolo 111
Vinkler László 34
Weöres Sándor 55
Wols (Alfred Otto Wolfgang Schulze) 74
Wotruba, Fritz 42
Zalai Alexandra 29
Zalai Alíz 29
Zichy Mihály 26
Zugor Sándor 31, 32, 44, 45, 46, 48, **49**, 51, 52, 55, **60**, 61, 62, 72, 126
Zsdanov, Andrej 22